左營二戰祕史

「震洋特攻隊駐臺始末」

「郭吉清、廖德宗 著
林家棟 繪圖」

しんよう

SHINYO

The Shinyo were Japanese suicide motorboats developed during World War II.

目錄

市長序

與世上許多古都相比，高雄是個年輕的城市，但深入探究，我們城市的歷史其實相當多元豐富，處處可見過往歷史痕跡交錯存在。過去十二年來，市府團隊致力於城市的轉型，從過去以重工業、勞力密集、高污染的產業模式翻轉，打造以人為本的宜居城市，將過往的空間紋理重塑再造。亞洲新灣區的崛起、輕軌開通、鐵路地下化完成，期盼高雄走出新的自我。在高雄改頭換面的世紀大業中，二〇一六年申請獲文化部支持的再造歷史現場專案計畫佔有重要的一席之地。衡諸國際，歷史場域及其場所精神是城市能吸引人、使市民能感驕傲的重要資產，「見城計畫」以及「興濱計畫」正是以此為考量，以重現並重建高雄發展歷史過程中兩大重要區域軸線為願景；「哈瑪星」（日文「濱線」語音轉借）場域是高雄現代都市計畫之濫觴，而左營舊城則是蘊含了臺灣許多大歷史片段的精采場域；高雄選擇以此兩塊場域作為歷史再造的現場實在發自於對本市歷史深刻的自我省思。

以宏觀歷史角度來看，左營涵蓋高雄歷史發展的多元面貌，史前生活、明鄭屯墾、清代築城、日治軍事以及戰後眷村，層層堆疊，見城計畫執行目標不僅在於硬體城牆古蹟之修復，尤其強調深入瞭解爬梳舊城歷史記憶的底蘊，讓古蹟找回存在的歷史意義，讓空間從新找到人文情感的溫度。其中，我們認知的左營與軍事意象總是息息相扣，過去明鄭、清代、日治時期如此，直至今日左營仍是臺灣海軍重要的軍艦專用港口及基地所在。見城計畫在各個城門、城牆及城內空間場域，都能探尋到軍事活動與歷史的總總痕跡，透過展示與導覽解說向世人訴說數百年來土地的居民如何透過空間的利用來定義生存這件事。而這本見城專書處理的正是新發現、值得深思探索的舊城歷史人群活動之一環。因左營眷村改建拆除而出土，存在於二戰時期左營地區一支鮮為人知的特攻部隊「震洋特攻隊」，本書將深埋在高雄土壤裡，乃至於臺灣歷史的底面久遠的記憶崛起、重新審視。確實，臺灣人對日治時期的歷史仍處在重新梳理定位的階段，而本書處理的特攻隊更是其中極端敏感之議題，但正如臺籍日本兵的歷史，面對它，思索它，進而將這些歷史重新詮釋以至於傳承，吾輩需坦然面對、承擔，因為這些都是高雄不可割捨的文化資產。

欣見文化局出版此書，繼其他相關專書之後，為再造歷史現場見城計畫再充實更多歷史記憶能量，持續澆灌高雄土地，冀望未來吾人家鄉能遍野綻開記憶花朵。

高雄市市長

許立明

局長序

行經左營，眷村與軍區周邊常見各式各樣的防空壕與掩體，如此日常、不起眼之物，背後卻有一段長期掩沒的大時代故事，而見城計畫在尋找舊城歷史的滄海桑田時，將其梳理並公布，歷史的偶然也就成為再造歷史現場之必然。本書從拆除左營西自助眷村的煙塵中揭開序幕，因為二〇一四年國防部執行眷村改建計畫，在原西自助新村內原來的鳳山縣舊城西門段城牆終於從眷舍的包圍覆蓋中重新顯露，同時地方上熱心的文史工作者，即本書作者郭吉清、廖德宗先生，也發現許多掩藏的防空洞以及城牆馬道上正體不明的構造物。本書完整記述了這些已經從左營人的記憶甚至是臺灣史上淡出遺忘的二次大戰相關歷史遺產如何揭開神秘面紗，再次找回「震洋特攻隊」的名字與身分。全書以文帶圖的方式，用細緻的插畫模擬圖像資料極度欠缺的這段歷史，詳述了二戰時期「震洋特攻隊」成員編派、抵臺、訓練、生活、終戰的諸般歷程。

臺灣的過往際遇讓我們的歷史傳承枝節斷裂，昔時黨國教育體制更讓我們的歷史記憶曾被嚴重扭曲或刻意覆蓋。高雄市有幸獲得文化部支持，以再造歷史現場專案計畫—左營舊城見城計畫重新爬梳左營舊城這個歷史層理多元豐富的區域，體認到文化資產的保存不能脱離空間的文化治理，而推動文化治理就必須進行歷史記憶的書寫及反省詮釋，是以本局全力支持本書的書寫與出版。可以預想左營震洋特攻隊相關文本與歷史出土會掀起一些探討，或許更伴隨許多情緒，但在追求歷史真實與定位的工作上，我們無法迴避，必須面對時代掩覆的記憶。臺灣人在戰爭期間的心境與認同，有其複雜的形構，不是簡潔的支持／抵抗二分法所能解釋廓清，唯有透過更多史料收集與細緻深刻的同理與分析，我們才能了解歷史洪流之下的真實人性，也才能領略真正的歷史現場風景。文化局願以這樣面對歷史的衷願，在見城計畫與興濱計畫裡與市民大眾一起逐步找回屬於人民的歷史現場。

高雄市政府文化局局長

高雄市於清代屬於鳳山縣，因「三年一小亂，五年一大亂」原因，竟演變成鳳山縣唯一擁有兩座縣城的縣，即左營舊城與鳳山新城的「雙城記」。左營興隆庄原為鳳山縣治所在地，康熙六十一年（一七二二）建土城或稱為土堡，以土墩為建材，成為臺灣土城的鼻祖。乾隆五十三年（一七八八），「林爽為事件」平定後，縣治遷往鳳山埤頭街，插竹為城。嘉慶十年（一八〇五），中國海盜蔡牽襲擊臺灣、加上道光四年（一八二四），「楊良斌之亂」，致埤頭街縣城為之殘破，重返興隆莊縣城成為當務之局。

道光六年（一八二六）又於左營興隆庄完成臺灣第一座石城。可惜因條件不如埤頭街，歷任鳳山知縣皆不願遷入石城，仍留在埤頭街辦公，至咸豐三年（一八五三），清廷允鳳山縣治設於埤頭街，是為鳳山新城。左營興隆庄就因官方衙署未能遷入，至光緒初年（一八八〇年代），據法國人 C. Imbuel-Huart 的記載，舊城已從昔日的繁榮中日益沒落，只剩一條從南門至北門的一條街（縣前街，又稱大道公街），市場即設在這條街上，是為左營舊城。

日人依據中日「馬關條約」，於明治二十八年（一八九五）進佔臺灣。明治三十三年（一九〇〇），臺南至打狗（高雄）鐵路開通，設置臺南、大湖街、阿公店、楠梓坑、打狗等五個車站及車路墘、舊城兩個昇降場。大正八年（一九一九），臺南、打狗（高雄）間縱貫公路開通，左營成為現代化鐵、公路等交通系統之一。另因左營市街改正計畫、三角公園等工程，日人拆除西門、南門，與西門、北門間之大半城牆。昭和十三年（一九三八），日軍將左營的萬丹港闢建為臺灣第一座海軍軍港，為保護左營軍港，居制高點位置的舊城及龜山，遂被畫為軍區，並命令城內居民遷出。舊城內被規畫為海軍眷村，前日本首相中曾根康弘於左營服役時，即為海軍眷村住戶之一。民國三十四年（一九四五），國民政府接收臺灣，左營亦成為國軍海軍眷村重要據點之一。

左營舊城遺址早於昭和八年（一九三三），已獲臺灣總督府第一批指定的史蹟之一。如今左營舊城遺址雖仍為高雄市少數國定古蹟之一，但因歲月流轉，舊城內大量的眷村已不堪使用，於近年來陸續被拆除，尤其於自助新村房舍被拆除後，因而有舊城西門與日軍特攻隊震洋隊（しんよう）遺址的新發現，令人驚奇。

第二次世界大戰末期（一九四四—一九四五），主要以日本海軍航空隊之「神風特攻隊」為大家所熟識。但近年來，經郭吉清、廖德宗等先生精心研究探討之下，發現震洋特攻隊為日本海軍所開發、編制的自殺武器部隊，於昭和十九年（一九四四）中期，開始研發震洋艇（「自殺攻擊艇」），主要以三夾板組裝為船身，搭載豐田汽車引擎，長五米、寬一．五米的震洋艇，於船首裝上兩百五十公斤炸藥，以突擊美軍船隻，有別於日本空軍「神風特攻隊」。當發現敵方船隻時，將隱藏在海岸邊「格納壕（收藏坑道）」內的震洋艇，滑出海面後，由駕駛員操縱，駛向敵方船隻，靠所謂「群狼戰術」圍攻敵艦，以撞擊方式，引爆炸藥，完成自殺攻擊。其佈署於左營自助新村的震洋特攻隊，有第二十、二十一、三十一隊等，其中有多處隱藏於大樹下的「龜形防空洞」，另有神社參道、手水缽基台、震洋隊神社遺址等，為高雄市文化資產增添不少生力軍，此一新發現實為高雄市史蹟另一大創舉，令人佩服。

筆者有幸，得以優先拜讀，提供其少許可修訂意見之外，特別引以為榮，樂於為本書寫序，以為祝賀。

高雄師範大學、文藻外語大學退休教授　張守真

二〇一八年三月二十九日

自序

時代的巨輪不斷推進，歷史的洪流翻騰驟變。每當帶著好奇與崇仰之心面對洪荒大地，歷史的遺跡總能讓人找到前進的動力與夢想。左營舊城的所在地，在遠古時期是海岸沙丘的高地，靠海、近山又有淡水的池潭，漢人未在此定居以前，原住民已在此聚居。明鄭時期，鄭氏看上此地戰略之優勢，「宣毅左衝鎮左營」（部隊番號）在此屯墾、駐防，即是「左營」地名的由來。在海岸沙丘高地築起的清代舊城，曾經是鳳山縣的政治中心及軍事指揮所，在日治時期與終戰之後成為軍事要塞；歷史的層巒疊嶂讓這個空間充滿令人好奇的遺跡，與不斷湧現的歷史故事。

二戰期間的一九四四年十二月，日軍開始在左營舊城內佈署震洋特攻隊，其軍事設施改變了清代舊城；二戰結束後的一九四五年八月十五日，日本海軍部隊立即移往海兵團的日本海軍集中營，於隔年四月搭乘美軍軍艦遣返日本。一九四九年年底，國軍進駐日本人留下來的震洋隊營舍，在此設立了海軍子弟學校與左營自助新村，並建造學校、眷舍、幼稚園、活動中心等新的建築物。在政權交替下，戰前、戰後沒有記憶的銜接，也因為軍區與左營聚落的阻隔，加上震洋隊為「祕密部隊」，以致七十年來鮮少人知道此處曾經發生的事。

發現左營舊城震洋隊遺址是二〇一四年二月的事。當時，國防部執行眷村改建計畫，拆除崇實新村及自助新村，我們兩位作者原先擔任清代舊城的民間巡護義工，協助拆除眷舍的工程包商辨識清代舊城的遺構，以免遭到破壞。過程中，逐漸發現眷村下面佈滿防空壕，但不知哪個部隊曾經駐紮於此？甚至在城牆上還發現了水泥平台，詢問眷村內的資深住戶水泥平台是什麼東西時，住戶卻說可能是升旗台或下棋台。接下來的探索過程中，解開左營震洋隊秘史的關鍵點是城牆上的震洋神社本殿基座的遺跡。二〇一四年二月，發現此疑似神社基座的遺跡後，筆者開始蒐集日軍在左營駐紮的相關文獻，並詢問日本的臺灣神社專家金子展也先生是否為神社殘跡，經神奈川大學的坂井久能教授證實與回覆後，了解其可能是營內神社的殘跡。起初我們難以置信，為何國定古蹟的左營舊城城牆上頭，竟有一座日本神社，而且七十年來無人知曉？於是觸動了往後一連串的調查工作。

二〇一四年二月，確認了震洋神社的身分之後，眷村拆除的工程仍持續進行，但震洋隊的文史仍尚待發掘。為了釐清西自助新村的歷史場域，我們合力解開震洋隊的基地祕史、趕工完成〈左營舊城的日軍震洋隊神社及遺址探查〉專文，並趕在五月時投稿《高雄文獻》，接著在十二月正式刊出。隔年四月二十八日，左營震洋隊祕史的臺灣見證者終於重返現場，年屆八十八歲的第二十一震洋隊臺籍機關兵陳金村先生，應公共電視台之邀，於七十年後重返西自助新村的部隊遺址，再次品嚐土芒果的滋味並感傷落淚，完成拍攝《獨立特派員419集震洋特攻隊》的紀錄片，為左營歷史再添一樁珍貴的史料影像。

日文版的《回想薄部隊：海軍第二十震洋特別攻擊隊》回憶錄中，記載著這批當時不滿二十歲的日本青年，在軍國主義的洗腦教育下，激發為國犧牲的行動力。事實上，他們也是戰爭的受害者；在戰爭的挫敗感中，能撫慰其心靈的，只有思鄉的親情與同袍之間的友情。他們在回憶錄裡寫下：原先嚮往成為飛行員，後來卻接受特攻訓練，轉而操控設備簡陋的震洋艇之心理轉折，以及在高雄左營基地的起居和活動見聞，而這些一九四五年高雄空襲的第一手文字紀錄及戰後日軍的遣返過程，不僅成為戰友會的回憶錄，更是左營海軍二戰史的重要文獻。

二〇一六年七月，高雄市政府文化局將左營震洋隊的歷史融入在舊城東門上演的《見城》環境劇場表演劇情中，以歌仔戲、豫劇來演繹左營舊城的故事。對於現在的年輕人來說，他們已逐漸將長輩心中的歷史恩仇，轉化為文化的堆疊與藝術創意的泉源；歷史變遷中的人們其實都是歷史洪流中的重要因子，持續在變的是人的來去，唯有土地才是不變的定軸線。

左營震洋隊的歷史雖然僅持續了短短十二個月，但已成為舊城歷史的重要環節，在高雄市政府文化局的重視、鼓勵與督促下，這本震洋隊的歷史書寫計畫終於為左營留下文史紀錄。本書的完成，要特別感謝震洋隊臺籍機關兵陳金村先生的見證，及日籍友人金子展也先生、坂井久能教授的協助解謎。在金子先生聯繫下，筆者得以到日本福岡市與震洋隊薄繁藏部隊長的兩位公子：大賀正義及大賀誠治會面，並帶回不少珍貴的老照片。此外，許良雄和湯茗富對於日文版《回想薄部隊》的專業翻譯，讓我們還原震洋隊在左營基地生活的全貌。

另外感謝：海軍陸戰隊司令部，協助我們展開壽山格納壕的勘查與拍攝；柴山居民顏川先生，協助我們探勘震洋隊的觀測所；西自助新村的范銀鳳老師，幫忙聯絡散落四處的住戶，我們得以順利訪談顧大姐、甄忠惜、李成龍、楊維環、李志強、孟昭光、陳繼之、曾德祥、郭鎮國、王涵儒等諸位先生和女士。

我們還要感謝：左營眷村的老住戶雙城古道文史工作室的呂寅生老師、來自桃子園新莊仔的李武考，接受我們田調訪談；中研院地理資訊中心的廖泫銘博士，提供我們歷史航照圖並幫忙解讀；鄭喬維提供我們日文版的震洋隊參考書籍；皇輿科技的劉仕強專業的地圖套繪、郭昱麟的防空壕繪圖，及黃棨協助確認第二十九震洋隊的營區，還有謝正坤費心整理與維護防空壕。最後，非常感謝：文化局的蔡潔妍、李旭騏課長的督促，陳宜彣、蔡旻珊、吳翎瑋承辦人協助行政作業，陳怡月、黃坤聖、林素敏、郭昱廷諸位協助打字校稿。因為各方專業人力的投入，本書才得以順利成形並付梓出版，謹此一併致謝！

郭吉清　廖德宗

二〇一七年十二月一日

第一章 發現震洋隊遺址

chapter 1

左營舊城震洋隊遺址的發現，是來自許多看似單純的事物，在經過有心人鍥而不捨地抽絲剝繭後，串連而得的結果。其過程迂迴曲折，一脈相連，最終成為左營歷史的一部分。

一、昭和水管的身世之謎

二〇一二年十月間，在西自助新村的樹林內，有人發現十一支黑色鑄鐵水管，每支直徑約六十公分，長約三・五公尺，其中兩支有焊槍切割過的痕跡，鐵管上鑄有「昭和十六年」的字樣，上面還有一個「水」的標誌。由於樹林位於房舍後面，地點相當隱密，只有附近的居民知道裡面藏有水管。一九四九年後，這些居民來此造屋居住時，水管已在此地。他們曾經報請海軍總部處理，但因為海軍查無財產記錄，之後就一直擺放在原地。他們還說，曾經有人半夜開吊車來，想運走變賣，經人發現後報警處理，警方因該物品查無所有人無法處理，而不了了之。欲占為己有的人，曾搬來全組切割工具，偷偷摸摸進駐樹林內，想化整為零地分解，最後因水管硬度太高，僅稍微切了表面，便因代價太高而放棄。

「昭和水管」的消息在西自助新村傳開後，引起許多文史工作者的關心。他們進一步發揮想像，在憑著現場水管的形狀、顏色、尺寸與

長度後，推測其可能是二戰期間，日本海軍製造「回天」[1]自殺潛艇剩餘的材料，而擱置在此。二〇一三年三月間，由於「昭和水管」的發現，西自助新村路旁幾個龜形防空洞也被賦予更大的想像。文史工作者呂寅生認為，若這些龜形防空洞是自殺部隊的「格納壕」[2]，南海大溝便是自殺部隊小艇通行的水道。他又認為，自殺小艇是藉由舊城的護城河——南海大溝進到舊城內的基地，而停在龜形格納壕內，「昭和水管」可能是製造「回天」自殺潛艇的鋼材。

呂寅生的家族與日本海軍有深厚的淵源。祖父曾為馬公日本海軍警備府的車床技工，伯父是日本海軍的搶救大隊人員，父親則是日本澎湖海軍警備府工作所的鐵工技工。日本投降前夕，父親被派往基隆，修護遭美軍重創的船艦，之後被遣返澎湖。一九四八年七月，國軍徵召有經驗的技工修復左營軍港，呂寅生便隨著父親從澎湖搬來左營西自助新村——日本人留下的施設部宿舍。當時他才三歲。他還記得他們住在自助新村二二〇號的大型官舍，檜木香氣四溢，和室的「秀里門」木質軌道上，還深深留著小型船艇尖形底部拖行的痕跡，因此他認為，二戰末期自殺部隊小艇曾經被藏在施設部宿舍裡。小時候他到南海大溝軍港海邊玩耍時，曾經看到許多廢棄的小艇。當他看到自助新村這些舊事物，不禁喚起兒時回憶。

有了這些推測，呂寅生向高雄市政府文化局提報「西自助新村龜形

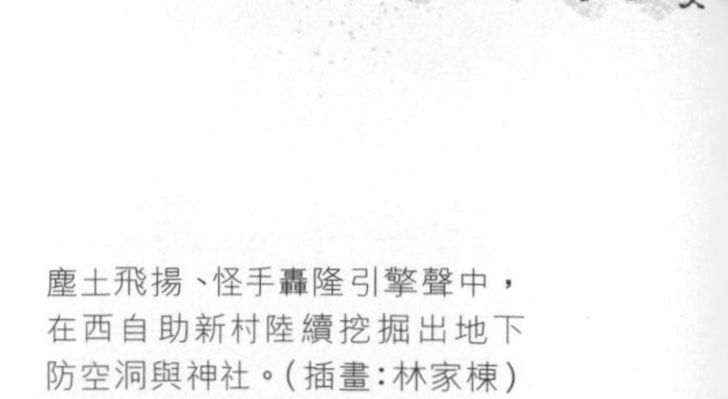
塵土飛揚、怪手轟隆引擎聲中，在西自助新村陸續挖掘出地下防空洞與神社。（插畫：林家棟）

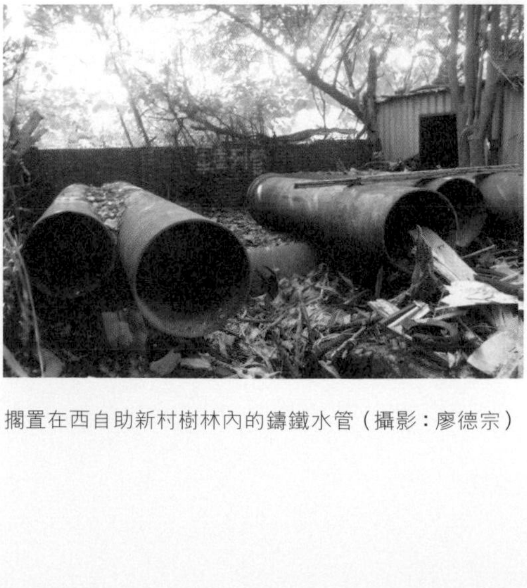
擱置在西自助新村樹林內的鑄鐵水管（攝影：廖德宗）

防空洞是格納壕」的議題，文化局於是召集了舊城文化協會、各相關代表及軍事古蹟專家楊仁江建築師共同會勘。楊仁江認為龜形防空洞入口太小，無法容納自殺小艇；另外兩位學者則認為，必須將防空洞水泥送檢，才能確定建造年代。至於西自助新村龜形防空洞究竟建造於何時？是什麼人建造的？用途是什麼？那時沒有人能提出合理的答案。

二〇一三年底，呂寅生又提出一個更驚人的議題。他邀請臺灣歷史博物館研究人員前來勘查西門砲台段城牆上的水泥台座，竟發現其可能是日本神社的「本壇」基座。從城牆的階梯可登上眷村居民所認定的西門遺址。他從小就對這個階梯印象深刻。早期眷村的孩童逐日增加，經常有小孩生病。每到週六下午，海軍會派行動巡迴醫療車來村裡看診，因為自助新村人數較多，看診的地點便設在舊城殘蹟的石階邊。他還記得消毒的酒精燈通常放在石階的第三階，第二階放紫色的玻璃藥水罐子，其他棉花和紗布則放在一張大木桌上。這個臨時醫療站前面就是南海大溝，往斜坡下去有座木橋。

儘管呂寅生和他的朋友提出這個前所未聞的驚人看法，但當時大家都毫無頭緒，眷村也沒有人能解答這些遺跡的來由。隨著眷戶搬遷，西自助新村已人去樓空。由於遺址的發現，而不斷湧現待解的疑問，到底還有沒有人知道過去的歷史？令人感到心急。

水管上鑄有「昭和16年」的字樣（攝影：郭吉清）

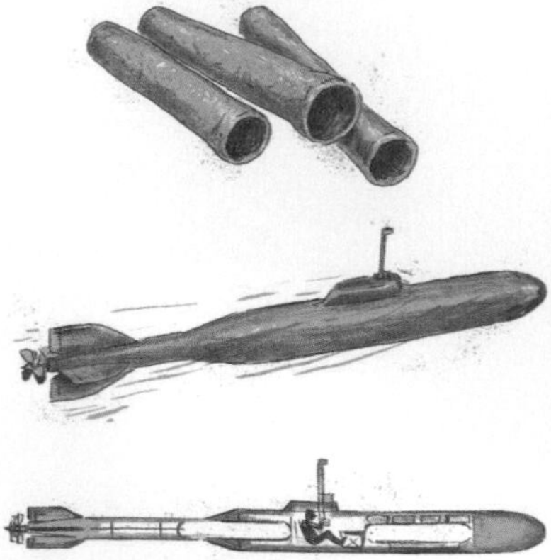

昭和水管被誤解為回天潛艇構材（插畫：林家棟）

2003 年，西自助新村眷舍。（攝影：郭吉清）

二、西門與防空洞遺跡出土

一七二二年（康熙六十一年）建造的左營土城，與一八二六年（道光六年）完工的左營石城，範圍到底在哪裡？地上與地下還埋藏著多少遺跡？這是我與廖德宗長期以來尋找與關注的議題。二〇〇四年，我在高雄市立歷史博物館服務時，看過一張館藏地圖。那是一張根據一九〇四年日本人測繪的《臺灣堡圖》而描繪的地圖，上面加註著「西門」的文樣。後來我在楠梓地政事務所申請左營埤子頭與前峰尾段的原版地籍圖，由館方正式邀請高雄市地政處人員現場測量，因而考證出西門遺址位於自助新村三七六號全部房舍及三七八號部分房舍的位置，並由當時的謝長廷市長在西門遺址路旁立了一座紀念碑。當時因為現址仍有房舍，西門遺跡尚未出土，因此許多人對於依舊地籍圖所推測的西門位置抱持懷疑的態度。

一九九六年〈國軍老舊眷村改建條例〉公布後，臺灣開始進行眷村改建計畫，左營舊城城內空間的眷村改建計畫，是「崇實、東自助、西自助、勵志新村拆除清運工程」。當西自助新村眷戶搬出後，二〇一三年五月，西門砲台段城牆遺跡因此被發現，由市府文化局辦理勘查，國防部配合市府文化局監看計畫。從二〇一三年十二月開始，在西自助新村雜亂的拆除現場中，西門花崗石條、西門段石城線、疑似西門段土城線陸續出土。二〇一四年三月十四日上午，西門地下城基

舊城西門段城牆地下城基出土
（圖片來源：舊城文化協會）

2014 年 3 月 14 日，西門舊城城門的城基出土。
（圖片來源：舊城文化協會）

防空洞與血桐樹林（插畫：林家棟）

也在細心的挖掘下出土了，六角蜂窩型的咾咕石基座、城門洞花崗石條，整個日字型城座完整呈現，其位置與二〇〇四年高雄市立歷史博物館的測定完全吻合。經媒體報導後，民眾爭相到現場一睹傳說中的西門。更令人驚訝的是，在塵土飛揚、怪手轟隆的引擎聲中，陸續挖掘出許多大型的地下防空洞，不規則地散布於西自助新村與海青工商校園內，其範圍在舊城城牆內共有十七個，且大部分位於老樹旁。

經測量比對，除了一個方形的尺寸不詳外，其餘十六個龜形防空洞的尺寸構造完全相同。壕體四分之三在地下，四分之一在地上，壕體由厚度八十公分的混凝土灌成，長八公尺、寬四公尺。混凝土內含鋼筋，中間是半球體，頂部中央有一個直徑約十五公分的陶燒管通氣孔，兩端有出入口，形狀像一個「雙開式寶瓶」，造型極為特殊。在眷舍未拆除前，這些防空洞大都位於住家圍牆內，不易被外人知道。初步訪談原眷戶，他們說，這些防空洞早在一九四九年他們來此造屋居住時就存在於此，故研判，這是因應特殊部隊的需求而建造的掩體，但建造時間不詳。

三、埤子頭震洋隊相關文獻

拆除西自助新村後所發現的防空洞、昭和水管及神社平台都隱約透

西自助新村路邊的防空洞（攝影：郭吉清）

露，此地於二戰末期，曾是日本「特別攻擊隊」的基地，經多方搜集文獻，終於拼湊出「左營震洋特攻隊」的輪廓。首先，二〇〇七年高雄師範大學地理學系黃文珊的碩士論文《高雄左營眷村聚落的發展與變遷》中，有張〈日治末期左營海軍官舍〉的地圖，圖中「西自助新村」的位置標有「埤子頭震洋隊」的字樣，該圖的原始資料收錄於一九四五年《國軍檔案，日本海軍物資接收目錄》中的〈國有財產引渡目錄（高雄地區）〉，為最早指出左營震洋隊位置的地圖。

二〇一〇年，澎湖的曾文明根據第二十四震洋隊搭乘員波佐義明一九八九年出版的回憶錄《冬の殘紅》而撰寫，收錄於《硓𥑮石：澎湖縣文化局季刊》的〈八罩島鴛鴦窟震洋艇基地史實鉤沉（上）（下）〉文中，提到了左營海兵團的情況。

二〇一二年，國史館臺灣文獻館專員李西勳收錄於《臺灣文獻》第六十三卷第一期的文章——〈從「虎虎虎」到「雨蛙」：談二戰日軍震洋特攻隊〉，寫到二戰末期，有十支震洋隊派駐臺灣的事，其中二十、二十一、二十九、三十一隊進駐高雄，在勘查壽山海邊的現場後，的確發現兩個震洋隊的「格納壕」。

二〇一二年十二月，楊仁江建築師完成《澎湖縣縣定古蹟西嶼彈藥本庫及東鼻頭震洋艇格納壕調查研究》，之中詳述了二戰日軍震洋隊的成軍歷程、基地構成及臺灣十支震洋隊的進出簡史，其中規模最大的震洋隊基地——高雄左營基地共有四個部隊，第二十、二十一、三十一震洋隊在左營埤子頭，第二十九震洋隊在左營桃子園。

接著，二〇一三年一月，臺北藝術大學的范綱倫發表碩士論文《臺灣地區震洋特攻隊之研究》，除了在日軍震洋隊的成軍歷程、基地構成、臺灣十支震洋隊歷史方面有更深入的探討外，最重要的是，他發表了一張〈埤子頭震洋隊基地配置圖〉，此圖是依據國軍接收檔案〈國有財產引渡目錄（高雄地區）〉的「埤子頭震洋隊基地圖」原稿，再對照接收日本海軍物資各項目錄清冊後重新標示的地圖，可謂解讀左營震洋隊基地最重要的地圖文獻。

二〇一三年十二月，陳柏棕、范綱倫在《臺灣文獻》發表了〈臺灣人・志願兵・震洋特攻隊：陳金村口述歷史〉一文，這是針對第二十一震洋隊（竹內部隊）的機關兵陳金村所作的口述歷史，這位八十七歲歷史見證者的說法，首次結合了震洋隊的人文與土地。此外，筆者也循線以電話多次訪談住在臺北的陳金村，這對於解開左營震洋隊基地之謎有頗大的助益。

四、埤子頭震洋隊基地的前身

令人百思不得其解的是，此地距海邊約三公里，屬於清代舊城城內空間，為何會成為日治末期自殺部隊「震洋特攻隊」的基地，而且一直以來鮮為人知？

一九一九年（大正十年），日本人為了打通楠梓坑與哈瑪星的交通，開設了又稱「軍路」的「縱貫公路」，也就是目前的左營大路。縱貫公路開設前的左營舊城是個完整城廓，若要從鼓山往北前往楠梓坑，得走城內的道路：從南門進去後，經城內的大道公街、北門大街，出北門後沿著埤子頭街、店仔頂街北上。左營舊城的破壞始於縱貫公路的建設，幾經拓寬，貫穿城內南北、二十米寬的馬路將城內空間一分為二。當時為了造路，拆除了位於當今左營三角公園處，約一百公尺的「北邊城牆」，以及南門兩邊、各約四十公尺的城牆；保留了南門，並設置了圓環。

在日治中期、打穿龜山段的城牆後，風水被破壞，但那時仍有約上百戶「營內人」住在城內，包括藍家、余家、黃家等左營大戶；當時，興隆寺、天后宮、慈濟宮、關帝廟、廣濟宮等城內的古廟香火仍十分鼎盛。尤其是熱鬧的北門內街上林立著中藥店、米粉間、布店、豆簽間、豆腐店、肉粽店、教堂、碾米廠（土礱間）等店鋪。除了房舍之外，

1919 年，打通軍路（左營大路）並拆除了北門段與南門兩邊城牆。（插畫：林家棟）

城內其餘空間皆種滿果樹，尤以龍眼樹、芒果樹為主。

日本的地籍圖與檔案文書記載著，一九一一年（明治四十四年），因當時的總督府鼓勵內地移民和退休日本官員將官有地租來開發及利用，東京市出身的內地移民「近藤武」便向臺南廳殖產局申請開墾舊城大道公街的前峰尾五番土地，他在這塊五甲一釐大小、當時隸屬於日本陸軍部用地的荒地上種植柑橘；歷時五年，這塊接收自清領時期、城內土地記載為「昔日兵營」的官有地，在近藤開墾下頗為成功，並於一九一六年（大正五年）取得官方許可，由近藤武的養子「近藤實」取得土地所有權。一九一七年（大正六年），近藤實將這一大塊覆蓋果園的土地賣給臺灣人，幾經買賣移轉，日本海軍省在一九四〇年（昭和十五年）三月徵收了這塊地。

足足有五個足球場大小的前峰尾五番地，並非一塊普通的土地，除了是清代鳳山縣縣政府、縣老爺辦公的地方、也是清領時期的南部軍事指揮中心——南路營參將署的所在地；此地四周圍繞著營房、倉庫、典史署、守備署、軍裝局，是清代鳳山縣的政治及軍事指揮中心。事實上，這裡也就是後來的西自助新村，不知是歷史的巧合抑或日人的巧思，一九四四年（昭和十九年），日本海軍選定此地為自殺部隊「震洋特攻隊」的基地。

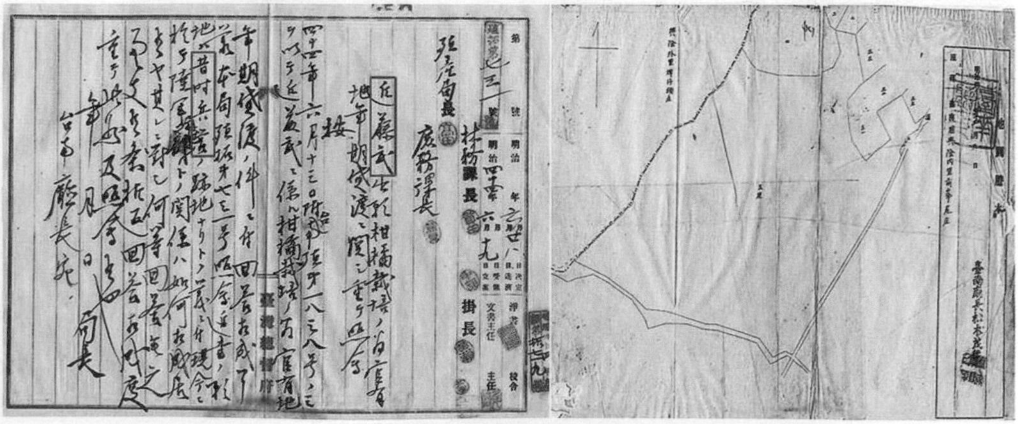

總督府檔案文獻記載震洋隊營區，原是清代的軍營。（圖片來源：廖德宗）

為了全面建設左營軍港與周邊的軍事設施，加上舊城內的龜山是左營軍港的制高點，日本人在安全考量下，在一九四〇年（昭和十五年）三月完成舊城內土地房舍的徵收補償後，令所有的居民遷出城外。

在徵收民房與土地的前兩個月，日本人對舊城城牆進行了最大規模的破壞，筆者在訪談因受雇拆除城牆而喪命的李文學之子李武考後，才得知這段秘史。

二〇一五年一月十九日（週一）下午，呂寅生偕同我訪談住在左營區新庄仔路的李武考（一九三一年生），他是舊城城牆拆除工人李文學的長子，他們家原本住在桃子園六十四番地。一九三八年（昭和十三年）中日戰爭時，因日本人建設左營軍港，桃子園人被迫遷村至新庄仔和內惟。

李武考回憶，一九四〇年（昭和十五年）一月時，他與父親李文學仍住在新庄仔，當年父親與李利受僱於臺灣工頭，一同前往拆除靠近南門的那段城牆；城牆往西北延伸會到西門，聽說日本人急著在此蓋宿舍，所以趕著拆城牆。當時從桃子園到新庄仔，都走靠近南門山邊的路。工人拆牆時，先在城牆底部挖出一道深溝，接著打入木樁，再把繩子綁在城牆上方的雉堞，讓繩子連在滑輪上，然後使出蠻力、將城牆拉倒。

出事前一天傍晚，工人們收工時已挖鑿了城牆底部，並清出連綿的一段深溝，但沒有如往常一樣立即扳倒城牆，而以過去使用的方式，想藉著土方的重量與夜晚的風，讓城牆自行倒塌。隔天一早上工時，城牆未如預期地崩塌，當李文學走近城牆正下方、探查深溝時，牆基上方的城牆突然坍塌，他一時驚慌下跑錯方向，本應朝著城牆垂直的方向向外逃跑，卻因判斷錯誤而沿著城牆平行逃跑；高過兩個成人的城牆，塌陷範圍很長，來不及逃跑的李文學除了頭部，幾乎全身被城牆的土方活活壓住，當場罹難。當年才十六歲的李利事後對李武考說：「當時有多組工人在拆城牆，我只參與其中一段。出事那天，我正好有事到內惟，所以沒一起上工，路過現場時正巧看到這一幕，於是立刻調頭，跑回新庄仔告訴你家人前來搶救。」

李武考父親拆城牆過世時的時間，正值拆除舊城西南段（位於海青工商內）之際，包括：西門殘蹟、西北段（自助新村段）城牆的一九四○年（昭和十五年）一月；這段城牆僅有西門砲台段約一百三十公尺的部分仍保留至今。拆完自南門到西門的城牆後，舊城內的居民於一九四○年（昭和十五年）三月全數遭到遷出。很快地，日本人在原先城牆的北側蓋起施設部宿舍，西側蓋了工作部宿舍，西南側蓋了前峰尾宿舍，並為了港區與龜山倉庫的聯繫與運輸之便，又在現在的海青工商與西自助新村間開了一條路（現在的必勝路）。耐人尋味的是，日本人保留原來的城內空間，直到「震洋特攻隊」的基地進駐。

日治時期的舊城南門，摘自日治時期的繪葉書，攝於1919年至1928年代。（資料來源：鄭喬維）

日治時期的舊城西門（圖片來源：《臺灣寫真帖第壹集》，1914年出版。）

在一九四〇年（昭和十五年）三月至一九四四年（昭和十九年）四月的這四年間，目前為海青工商與西自助新村的城內空間始終荒廢著，長滿原生種的雜林，除了構樹與血桐，還有原先左營人種下的龍眼樹及芒果樹；從空中俯看下來宛如一片森林，而北邊是一百三十公尺的古城牆，推測日本人選定此區為自殺部隊的基地，可為掩護的密林與古城牆應為其考量的要素。

五、埤子頭震洋隊基地配置解密

從范綱倫的〈埤子頭震洋隊基地配置圖〉圖中，我們驚訝地發現，目前為海青工商與西自助新村的城內空間內，配置了滿滿的、看似集中為三區的木造營區；北區分布於西門砲台段的城牆兩側，中區位於原來自助新村活動中心周圍，南區則分布在現在海青工商的校區內，這樣的配置正好吻合文獻對第二十震洋隊薄部隊、第二十一震洋隊竹內部隊及第三十一震洋隊栗原部隊在左營埤子頭的記載。

這些營舍建造於一九四四年（昭和十九年）十二月，共有兵舍、士官舍、軍官舍、值勤室、烹炊所、浴場、主計科倉庫、各科倉庫、車庫、便所、洗面所、燃料庫、甲板要具庫、木工場、配電所、充電所、

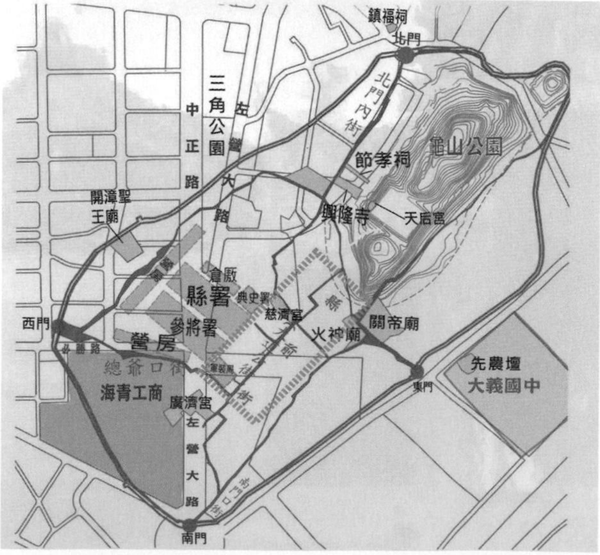

舊城城內空間復原套圖（圖片來源：廖德宗）

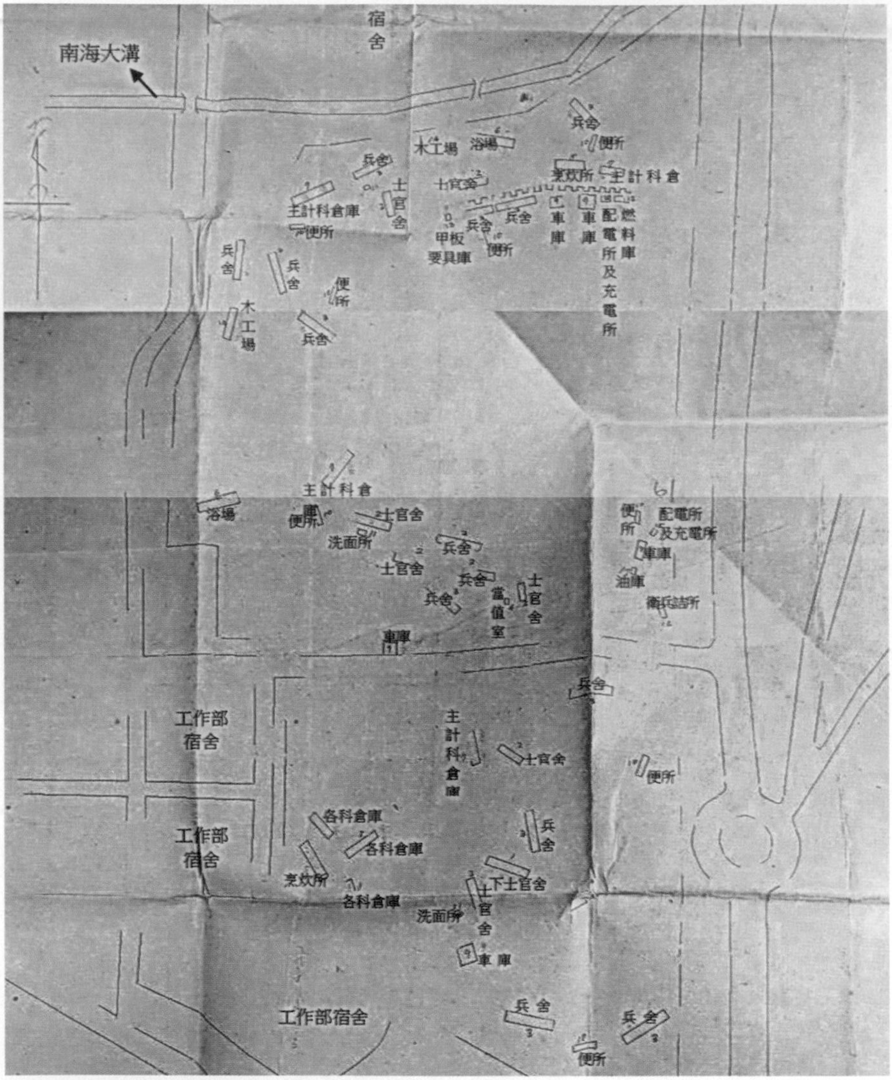

埤子頭震洋隊基地配置圖（圖片來源：范綱倫）

衛兵詰所、油庫等超過五十三棟建築物。而整座營區位於龜山、蓮池潭的西南面，左營南門的西北方。營區北邊，為對望的南海大溝與施設部宿舍，西南側是各部門的宿舍區。必勝路將營區分為兩部分；在必勝路與左營大路交叉口，設有衛兵哨所、車庫、油庫等設施的地方，推估是營區的出入口。至於多數的公共設施，諸如甲板工具庫、木工場、配電所、充電所、各科倉庫等，都集中在營區北側，隊員的居住與活動空間則大都散置在營區中間，道路兩側的區域。

據陳金村回憶，他所屬的第二十一震洋特攻隊宿舍位於左營南門附近，若以營區東南側的圓環為標的物加以推敲，應位在當今自助新村活動中心周圍。當時，由於格納壕洞窟區位於周遭都是芒果園的郊區，所以從宿舍走過去還得花上二十到三十分鐘。營區入口有木造的門框，外圍是木造的圍牆。為躲避空襲，許多臨時搭建的木造營舍皆蓋在芒果樹下。營舍外型類似一般房舍，屋頂與牆壁皆為木造的長方形平面，內部鋪設榻榻米通鋪並有擺放槍枝的槍架。除了部隊長有獨立的房間外，其餘人員約十人一棟，一起睡在木造的平房內。另外，浴室、餐廳、廁所等公共設施因礙於空間窄小，故以一艇隊為單位，分批用餐與盥洗。

根據這張〈埤子頭震洋隊基地配置圖〉所發現之現存的防空洞都位於士官舍、軍官舍附近，也就是在艇隊長房舍附近的位置。

六、震洋神社的解讀歷程

二〇一四年一月，廖德宗在閱讀楊仁江的震洋隊報告時發現，文中描述位於中國海南島三亞市的第三十三震洋隊，其基地圖上顯示營區高地上有座神社。他因此研判，埤子頭震洋隊營舍基地的最高點，即舊城城牆上方，可能也有座神社。於是，筆者便將神社與震洋隊基地的駐紮作了連結。同時，在日文版 Yahoo 搜尋網站上，打上「第二十震洋隊」的關鍵字展開搜尋則可找到，日本奈良縣立圖書館收藏一本頁數二百九十四頁的《回想薄部隊：海軍第二十震洋特別攻擊隊》。若舊城城牆上確有此神社，那麼《回想薄部隊》書中應有記載。為此，筆者以電子郵件向奈良縣立圖書館申請影印書籍。

二〇一四年一月筆者進行了神社遺跡的量測，也拍攝了本殿基壇、手水舍、參道的照片，並製作勘測位置圖。接著，由廖德宗以電子郵件去信請教住在日本的臺灣神社專家金子展也先生，並請他代為查看《回想薄部隊》書中有無相關描述。金子展也初步認為，本殿基壇與手水缽為日本人的所有物，但仍需文獻記錄，或本殿基壇與手水缽上有文字或圖案，才能確認是神社。金子展也再請專門研究「營內神社」的神奈川大學坂井久能教授提供意見，他回應在日本神社中形式與左營發現的本殿基壇相似者，為筑波海軍航空隊的營內神社「筑波神社」（一九三八年（昭和十三年）十二月十五日開隊、茨城縣友部町），

筑波海軍航空隊的營內神社「筑波神社」遺跡（圖片來源：坂井久能）

二者的本殿基壇不僅尺寸相近，而且都建於舊日本海軍時期。日本本土雖有數十個震洋隊遺址，但並無震洋隊建神社的記載。為此，廖德宗再次回到城牆尋找線索，這次他發現，本殿基壇下方尚有一個水泥底座，特別之處在於，底座最外框的玉垣上有個看似支撐木頭卡榫的插榫之孔（日本建築用語為枘穴），為此，他再次寫電郵請教金子先生。

二〇一四年二月六日，金子展也回覆說，未取得《回想薄部隊》影本之前，他已先請奈良縣立圖書館人員代為查閱《回想薄部隊》，書中第一百四十八頁寫著：戰敗後，二十震洋隊在離開左營、前往「捕虜生活（自活）」之前，「先燒毀震洋神社」及「神社安置於兵舍後的城牆上」等內容，印證了我們追尋的神社遺跡，確實位於第二十震洋隊的基地內，社名就叫「震洋神社」。金子先生與坂井教授也來信道，臺灣發現的震洋神社遺跡，對研究海外神社或營內神社的日本學者來說，都是重要的發現，希望臺灣方面能善加保存。二月二十二日，筆者再次清理埋在馬道下方的手水舍遺跡，發現手水舍側面塑有「雙勾玉」的圖案，為此臺灣現有神社遺址中未曾出現過的圖案，筆者再寫信請教金子先生與坂井教授。二月下旬及三月初，坂井教授與奈良縣立圖書館分別寄來相關文獻；此刻，震洋神社及震洋隊在舊城內的活動之謎終於有了解答。

1995 年，西門城牆的近況：臺階與類似「八卦」圖案的水泥台座。（攝影：郭吉清）

震洋神社的完整預想圖（插畫：林家棟）

七、震洋隊文章的發表與回響

二〇一四年二月，筆者確認了震洋神社的身分後，眷村拆除工程仍持續進行，埋在眷舍下方的龜形防空壕也陸續出現。同年三月，舊城西門的城門和城牆也出土了。不過，舊城西門遺址雖為國定古蹟，但震洋隊的遺址卻尚待發掘。當時，筆者每週都到現場勘查和記錄，並得知國防部和文化局規劃的古蹟保存區，僅劃設城牆兩側的範圍，未能涵蓋整個清代的城內空間。因此，筆者在同年三月決定撰寫探查舊城震洋隊遺址的文章，盼以二戰期間重要軍事遺址之名，爭取保留西自助新村全區。為快速了解《回想薄部隊》一書，不僅找來日文系的朋友重點翻譯，也請中研院地理資訊中心的廖泫銘博士支援不同時期的航拍影像，以解開營舍不規則分布的謎題。

二〇一四年三月十八日，聯合報率先以〈日軍震洋隊遺址左營出土〉為題展開報導，獲得日本媒體的注意。同年四月，日本《每日新聞》到左營深訪，並於五月三日的國際版刊出〈臺灣舊日本軍特攻艇「震洋」部隊の神社遺構〉一文。五月四日，金子展也專程從日本來到左營，再次審視震洋神社遺址，確定神社、營房和防空壕的結構。於是，筆者與時間賽跑，花了兩個月合力完成〈左營舊城的日軍震洋隊神社及遺址探查〉，五月底投稿《高雄文獻》，並於二〇一四年十二月正式刊出。

因為金子展也的報導，我們藉由網路，聯繫上住在福岡的第二〇震洋隊薄隊長之子大賀，他寄來震洋神社燒毀的照片，及震洋隊戰友會的相關文件。二〇一五年，公共電視製作了紀念二戰結束七十週年的專題報導，邀請陳金村到左營震洋隊基地和壽山格納壕進行採訪，並製作獨立特派員第四一九集（震洋特攻隊）的電視節目。

二〇一六年，文化部推動「再造歷史現場」計畫，高雄市政府文化局以臺灣第一石城、見證臺灣歷史發展的左營舊城為旨，提出「見城計畫」，獲得文化部補助。同年七月八、九日，高雄春天藝術節的《見城》環境劇場，首演於舊城東門城牆上，並將震洋隊的故事編入舊城的歷史劇中。眷村長者因此首次瞭解到，一九四九年之前舊城居民的身分與面貌，並對此感到驚訝萬分。

二〇一七年二月二十日，日本神奈川大學的三位神社專家坂井久能、金子展也與前田孝和來臺勘查「震洋神社」遺址，及基地內的十七個大型防空壕。同年五月，郭吉清與金子展也一起前往福岡，拜訪震洋隊薄隊長的兩位兒子，並參訪佐世保的龜山八幡神社、大村灣的「川棚魚雷艇訓練所」遺跡，震洋隊的人、事、地、物從紙本的文獻紀錄，活生生地躍到了世人面前。如今，終於可以娓娓道來舊城隱藏七十年的秘史——左營震洋特攻隊的故事。

毎日新聞　2014年（平成26年）5月3日（土）

旧日本軍特攻艇「震洋」部隊 台湾に神社遺構

ゴメンナサイの声も

「現場の声 無視は危険」

2014 年 5 月 3 日，日本《每日新聞》國際版報導發現左營震洋隊遺址的新聞。
（圖片來源：《每日新聞》）

第二章 震洋隊的由來

chapter 2

一、第四「金物」——震撼太平洋的海軍震洋艇

第二次世界大戰是人類史上規模最大、破壞最嚴重的全球戰爭，死亡人數粗估八千三百萬人，戰場遍及全世界。其中，以日本為首的軸心國及以美國為首的同盟國，在一九四一年十二月至一九四五年九月的太平洋戰爭中開打，此一戰爭又稱大東亞戰爭，改變臺灣命運最多，也讓臺灣人永世難忘。我們對於這段二戰的歷史已然陌生，然而，太平洋戰爭中的「震洋隊」的故事更是鮮為人知。

二戰末期，日本已走到山窮水盡、海空難行的地步，不僅深陷中國、太平洋、東南亞的戰場泥淖，戰爭虛耗之下，國力更日趨衰微，國內經濟全被拖垮、瀕臨崩潰，但軍國主義份子仍窮兵黷武，不斷將國民拖入更加凶險的境地。日本大本營最後提出「一億玉碎」的口號，號召全國一億人民成為「特攻隊員」，在盟軍登陸本土時，人人參與戰鬥直至戰死，甚至連裕仁天皇都認可這個口號。於是，大多數日本人便像打了雞血似地，積極響應天皇的號召。

早在一九四四年（昭和十九年）四月，日本海軍軍令部就提出九種可在空中及水面上、下執行特攻作戰的新武器，並基於保密緣由，分別命名為：「①—⑨金物」。①金物是潛艦攻擊潛艇（蛟龍）。②金物是對空攻擊兵器。③金物是 S 可潛魚雷艇（海龍）。④金物是「舷

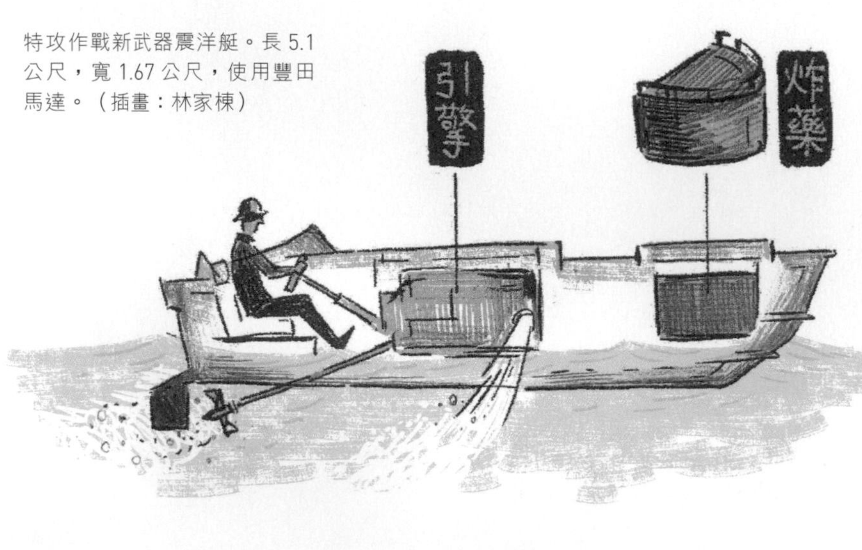

特攻作戰新武器震洋艇。長 5.1 公尺，寬 1.67 公尺，使用豐田馬達。（插畫：林家棟）

外馬達攻擊艇」。⑤金物是自走爆雷、⑥金物是人間魚雷（回天）。⑦金物是電探兵器。⑧金物是反電探兵器。⑨金物是特殊部隊兵器（震海）；其中稱為「④金物」的「舷外馬達攻擊艇」便是震洋艇的前身。

艦政總部主導設計的「舷外馬達攻擊艇」，在考量量產速度後，決定以木材為船體，採用豐田汽車（TOYOTA）製造的四噸貨車引擎為小艇動力，並以達到三十節的最高速度為目標；同時因為載重考量，決定使用二百五十公斤的攻擊炸藥。

一九四四年（昭和十九年）五月二十七日海軍紀念日，試作艇終於製成；同年八月二十八日，「④金物」命名為「震洋」，正式成為日本海軍的作戰武器。「震洋」一詞，取自明治時代的軍艦「震洋艦」，隱含「一發必中，擊沉敵艦，震撼太平洋」的深意。

一型和五型的震洋艇分別為單人和雙人座。震洋一型艇長約五．一公尺，寬一．六七公尺，高七十八．五公分，重量約一．四噸，航速約在十六至二十三節之間，航距可達一百一十海里；艇前裝有二百五十公斤的炸藥。震洋艇因載有炸藥而被認定是「自殺攻擊」的武器，但事實上其最初的設計包含舵輪等固定裝置，搭乘員也配有救生衣。換言之，搭乘員可在確定攻擊方向後，自船艇後方快速逃生。不過在敵軍砲火環伺下，即使逃出來，生存機率也非常低。

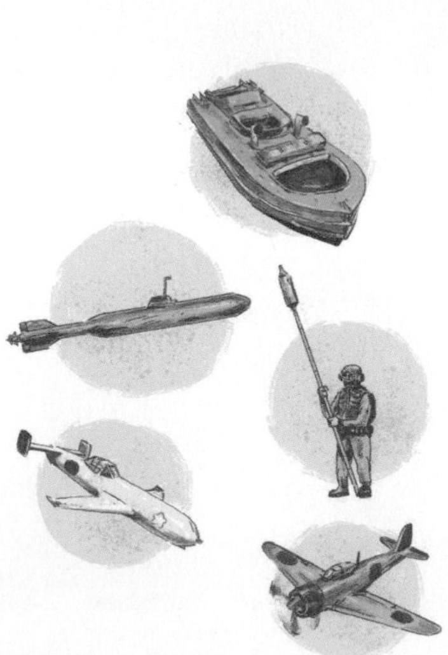

「①—⑨金物」中的五種特攻作戰新武器。由上而下依序為：震洋艇、回天潛艇、自走爆雷、神風特攻機。（插畫：林家棟）

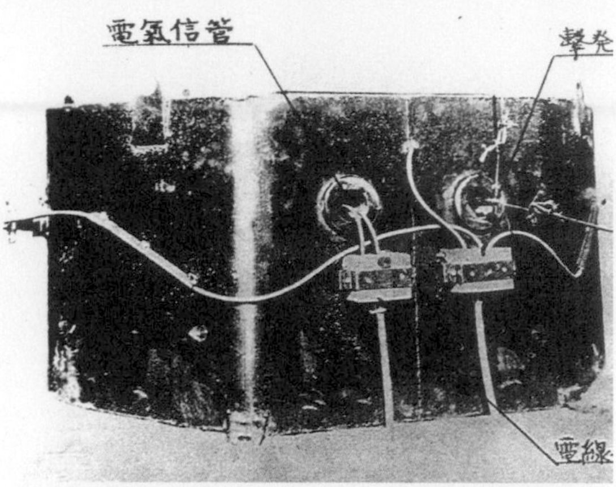

震洋一型艇的 250 公斤炸藥箱。（圖片來源：《寫真集：人間兵器》）

1944 年 5 月，日本海軍工廠趕工生產震洋艇。（圖片來源：《寫真集：人間兵器》）

震洋一型艇。（圖片來源：《寫真集：人間兵器》

震洋五型艇為一型艇的改良型，因為搭載兩名搭乘員，全長增為六．五公尺，寬度增為一．八六公尺，船艇總重達二．四噸，可高達一百三十四HP的馬力，約為一型艇的兩倍；引擎由一顆增為二顆，航速提升到二十三至三十二節之間，航距拉大為一百七十海里。

一九四四年（昭和十九年）六月，日本海軍在菲律賓海戰慘敗後，完全喪失了西太平洋的制空、制海權。同年七月，日軍頒布大海指四百三十一號令，正式實施「捷號作戰」，要求各軍確保國防要域，以潛艦、戰機、特殊兵器對美軍艦隊展開奇襲作戰，施展「十死零生」的全軍特攻。十月中旬，雷伊泰灣海戰（Battle of Leyte Gulf）爆發，由於戰機數量不足，時任日軍第一航空艦隊司令官的大西瀧治郎中將決意採用讓國家「起死回生」的特殊戰法應戰，具體作法為：派出裝滿汽油與炸彈的飛機，朝美軍船艦施以自殺式撞擊。十月二十一日，以關行男為首的飛機駕駛員，向美軍航空母艦群發動多次組織性的自殺式攻擊，也就是一般人熟知的「神風特攻隊」自殺式攻擊的起源。

以下依據荒木志郎《寫真集：人間兵器震洋隊特別攻擊隊（上、下卷）》（一九九〇）與楊仁江《澎湖縣縣定古蹟西嶼彈藥本庫及東鼻頭震洋艇格納壕調查研究》（二〇一二）二書，整理出震洋部隊的組成、訓練與部署區域，並逐一道出成軍的始末。

《寫真集：人間兵器震洋隊特別攻擊隊上、下卷》日文書。（攝影：郭吉清）

二、忠誠與榮耀的日本人——震洋特攻隊的隊員

震洋隊依任務屬性，由震洋艇搭乘員、基地隊、整備隊、本部員等數個分支構成。搭乘員（駕駛）主要由日本土浦、三重、鹿兒島等地航空隊的海軍飛行預備科練習生，即所謂「預科練」組成，本質上同於初等飛行練習生，軍階為「飛曹」。一般來說，搭乘員的人選以雙親健在、有兄長或兄弟姊妹者為佳，出身農家者以次子較理想，而且全是日本人。在臺灣，本地人僅能在震洋隊擔任後勤；其中，二十一震洋隊的臺籍震洋隊員陳金村就是負責維護引擎的「機關兵」。根據陳金村的訪談，這是基於「忠誠度與榮譽」的考量；在日本人心中，駕駛震洋自殺艇、為天皇犧牲是至高榮譽，「機關兵」只在平常訓練時與搭乘員同船，真正出攻擊任務時，僅搭乘員一人在艦艇上。

在領導幹部的配置上，由五到八位軍官、士官、準士官等擔任震洋隊隊長、隊副、艇隊隊長、基地隊隊長、整備隊隊長、本部員等。震洋隊隊長或各艇隊隊長的官階多為中尉、少尉或候補少尉。隊員編制上，每隊約有五十名搭乘員，分屬四個艇隊，並由專屬隊員負責基地的後勤事務。其中，「整備隊」負責船艇的整備與修理，「機曹長」多擔任隊長，而基地內的警戒、通信、衛生、伙食等事務則由「基地隊」負責，並常由「兵曹長」擔任隊長。另外，隊上的部分兵員屬於「本

部付」[3]，多由「機曹長」管理，並依專長細分為兵科、機關科、工作科、看護科、主計科等。兵科人數最多，其次為機關科、工作科等。這樣的配置與排序意味著，除了作戰兵員之外，機件、船艇的維修人員也是震洋隊相當重要的一環。一支震洋隊的總人數介於一百七十人到一百九十人。一支一型艇的震洋隊約分成四個艇隊，每個艇隊約有十二艘震洋艇，四個艇隊共四十八艘，有時會增加數艇以備不時之需。至於五型艇的震洋隊，因每艘震洋艇需搭載兩名搭乘員，故配置二十四到二十八艘震洋艇，船艇數約為一型艇隊的一半。

三、從機械原理到海上溝通——震洋部隊的訓練

最初，震洋艇搭乘員在日本橫須賀田浦的魚雷學校受訓，但因東京灣出入的船隻眾多、不利操演，才將基地轉至九州長崎縣大村灣的川棚臨時魚雷艇訓練所，而回天、蛟龍、魚雷艇等部隊也同在該地受訓。另還有部分特攻隊在鹿兒島的江之浦受訓。震洋部隊受訓以分組進行，常舉行較量與競賽，並在其中讓隊員們承擔體力與耐力的考驗。

受訓課程主要涵蓋：了解震洋艇的機件、裝備、編隊戰術及更為複雜的飛機種類、構造、機械原理等科目，也會練習將聽到的竹笛聲轉譯成摩斯電碼、旗幟溝通與旗語等，或在晚上演練燈光的基本通信；

這類溝通技巧的訓練對傳達各艇之間的命令、變換隊形及了解戰場情勢等助益都非常大。

在初略熟悉理論課程後，隊員便展開海上實戰訓練：訓練時，兩人共乘一艘訓練艇，並以四艘為一組，進行前進、分散、迴轉、突擊及防空戰鬥的隊形操演，甚至發展出攻擊敵船側面約三十度的作戰方法。為模擬真實的攻擊情境，常刻意選在夜晚、雨天等視線不佳的時段進行演練。但由於每次集訓僅歷時兩個月，而且都在傍晚出發，航行至深夜才歸返，隔日再依規定時間早起，因此隊員的休息時間其實相當短。結業時，震洋隊員被封為「掌特攻兵」，授予「八重櫻」的特技章，並取得與飛行兵同等的資格。

迥異於航空特攻的單機衝撞攻擊，震洋艇採「狼群攻擊」戰術，並細分為：索敵隊形、開進隊形、疏開隊形、突擊隊形攻擊法。展開攻擊前，隊員得先判斷：美軍的可能登陸地點及兵力多寡，再決定以多少相對兵力進攻。之後，出擊艇隊會快速集結於美軍船的團泊地附近，並趁黎明、日落、夜晚等視線不佳的時刻發動連續的舟波突襲；主要攻擊防禦力較低的運輸船，再來才是武裝較強的驅逐艦，希望藉以削弱美軍登陸部隊的戰力。

震洋五型艇海上訓練實況。（圖片來源：《寫真集：人間兵器》）

四、北起韓國，南至婆羅洲——震洋部隊的部署

一九四四年（昭和十九年）九月一日，在川棚完成訓練的第一支震洋特攻隊，部署於小笠原群島（Bonin Islands）上的父島（Chichi-Jima），第二至五隊亦相繼抵達。九月至十一月間，為配合「捷號作戰」計畫，多支一型艇隊緊急編成，陸續派往菲律賓、沖繩群島、臺灣等地，並由駐紮當地的特遣艦隊、警備隊、特別根據地隊指揮。一九四四年（昭和十九年）十二月起，震洋部隊集中部署於接下來可能遭到攻擊的臺灣、沖繩群島一帶，之後又擴充至香港、廈門、海南島、舟山群島，濟州島，甚至九州地區。隔年二月，美軍攻擊硫磺島，並於四月進攻沖繩群島，當時部署臺灣的震洋隊雖欲伺機支援沖繩，卻因海面遭美軍封鎖而無法成行。五月，因預估美軍之後將攻勢集中在九州、關東地區，因此新編成的震洋隊大量部署於九州一帶，並以鹿兒島的三十二隊最多。同時，部署也延伸至本州的沿海重鎮，在東京附近的千葉縣配置了大量兵力。

根據楊仁江《澎湖縣縣定古蹟西嶼彈藥本庫及東鼻頭震洋艇格納壕調查研究》（二〇一二）一書的整理，一一四支日本海軍震洋隊的部署駐地如下表；惟因戰況調度或派出航行期間遭美軍空襲等因素，各部隊並沒有按編號依序進駐。

〈震洋隊部署地域表〉

部署地區	震洋特攻隊編隊名
日本小笠原群島	父島：第 1、2、5 隊 母島：第 3、4 隊
日本沖繩群島	沖繩島：第 42 隊（中城灣）、第 22 隊（金武灣） 石垣島：第 19、23、26、38 隊 宮古島：第 41 隊 奄美大島：第 18、44 隊 喜界島：第 40 隊 因運輸船遭擊沉而解散：第 39、40 隊
日本本州地區	千葉縣：第 55、58、59、68、129、135、139 隊 靜岡縣：第 51、57、67、136、137、140 隊 神奈川縣：第 27、56 隊 其它：第 16 隊（伊豆七島）、第 60 隊（三重縣）
日本四國地區	高知縣：第 49、50、127、128、132、134、142 隊 德島縣：第 145 隊
日本九州地區	鹿兒島縣：第 17 隊（加上呂麻島）、第 18 隊（加上呂麻島）、34、44 隊（奄美大島）、47、53、61、63、64、106、111、112、123、124、125、130、131、133 隊 宮崎縣：第 48、54、116、117、121、122、126 隊 長崎縣：第 62、65、109 隊 熊本縣：第 110、143 隊（尚未配備震洋艇）、144 隊 佐賀縣：第 118 隊
日本東北地區	第 138 隊（福島茨城）、141 隊（福島，尚未配備震洋艇）、146 隊（宮城，尚未配備震洋艇）
臺灣地區	淡水江頭：第 102、105 隊 高雄左營埤子頭：第 20、21、31 隊 高雄左營桃子園：29 隊 澎湖望安：第 24、25 隊（原駐東鼻頭，後轉往基隆） 屏東車城海口：第 28、30 隊 因運輸船遭擊沉而解散：第 43、101 隊
菲律賓	克里基多島：第 7、8、9、10、11、12 隊 因運輸船遭擊沉而解散：13–15 隊 梨牙實比：第 8 隊
婆羅洲	山打根：第 6 隊
中國大陸	海南島：第 32、33 隊（原派往臺灣）、103 隊 香港南丫島：第 35、36、107 隊 舟山群島：第 46、52、104、114、115 隊 廈門：第 37、108、113 隊
韓國	濟州島：第 45、118、119、120 隊

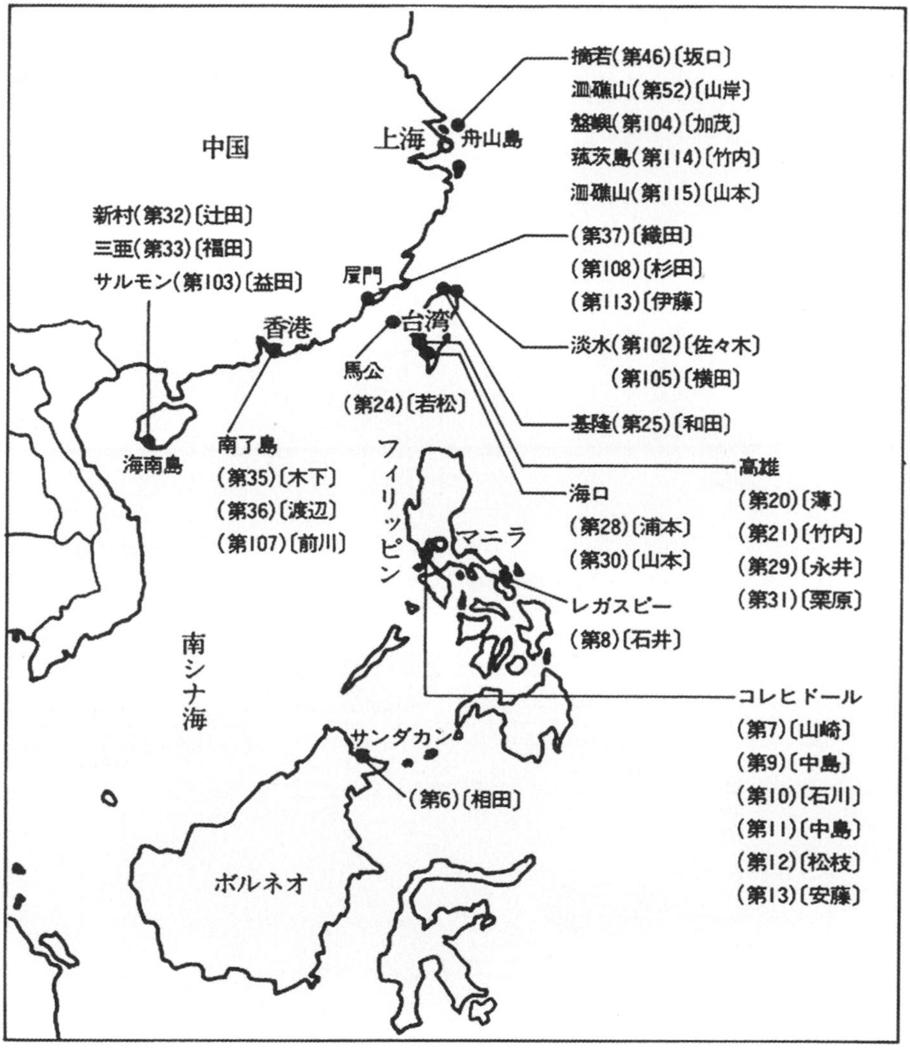
中国
上海
舟山島
摘若(第46)〔坂ロ〕
泗礁山(第52)〔山岸〕
盤嶼(第104)〔加茂〕
菰茨島(第114)〔竹内〕
泗礁山(第115)〔山本〕
新村(第32)〔辻田〕
三亜(第33)〔福田〕
サルモン(第103)〔益田〕
厦門
(第37)〔織田〕
(第108)〔杉田〕
(第113)〔伊藤〕
香港
台湾
馬公
(第24)〔若松〕
淡水(第102)〔佐々木〕
(第105)〔横田〕
基隆(第25)〔和田〕
海南島
南了島
(第35)〔木下〕
(第36)〔渡辺〕
(第107)〔前川〕
フィリッピン
高雄
(第20)〔薄〕
(第21)〔竹内〕
(第29)〔永井〕
(第31)〔栗原〕
海口
(第28)〔浦本〕
(第30)〔山本〕
マニラ
レガスピー
(第8)〔石井〕
南シナ海
コレヒドール
(第7)〔山崎〕
(第9)〔中島〕
(第10)〔石川〕
(第11)〔中島〕
(第12)〔松枝〕
(第13)〔安藤〕
サンダカン
(第6)〔相田〕
ボルネオ

震洋特攻隊的海外各島部署圖。（圖片來源：《寫真集：人間兵器》）

五、進駐臺灣本島的十支震洋隊

日本海軍共成立六十八支一型艇、四十六支五型艇，共一一四支震洋特攻隊，之中有十二隊進駐臺灣地區。就基地位置來看，由北到南依序為：駐淡水江頭（今關渡）的第一〇二及一〇五震洋隊；駐高雄左營埤子頭的第二十、二十一及三十一震洋隊；駐高雄左營桃子園的第二十九震洋隊，駐屏東海口的第二十八及三十震洋隊；駐澎湖望安的第二十四震洋隊，還有原駐澎湖東鼻頭、之後轉往基隆的第二十五震洋隊，其原基地之後併入第二十四震洋隊。

此外，第四十三及一〇一震洋隊則因不巧搭上了遭美軍潛水艦 Spadefish 三發魚雷擊沉的九二四六噸日本運送船讚岐丸而無法進駐。因此，最後僅有十支震洋隊進駐臺灣。下一節，則為進駐高雄左營的四支震洋隊其編制與進出概略。

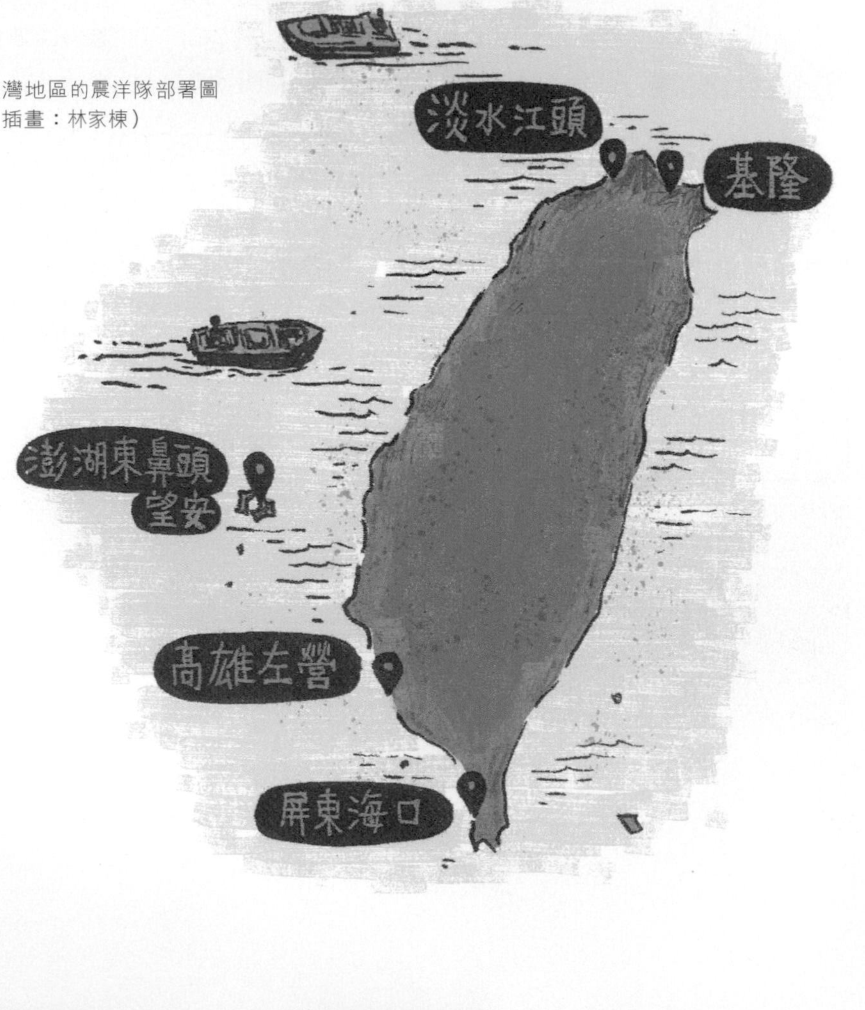

臺灣地區的震洋隊部署圖
（插畫：林家棟）

六、進駐高雄左營的四支震洋隊

高雄左營為臺灣地區最大的震洋隊基地，由第二十、二十一、二十九、三十一震洋隊組成。

（一）第二十震洋隊：薄部隊

震洋隊以數字編號，並習慣以部隊長的姓氏為簡稱，譬如第二十震洋隊的部隊長為薄繁藏中尉，故簡稱為「薄部隊」。薄部隊的駐地在原左營西自助新村，舊城西門砲台城牆的兩側，配備五十五艘一型震洋艇及一百八十四名成員，包括七名軍官、五十名搭乘員、十八名本部員、三十五名整備隊員及七十四名基地隊員。在完成川棚臨時魚雷艇訓練所的第四次期結訓後，一九四四年（昭和十九年）十月二十日部隊編成，受命前往高雄警備隊。十一月八日，全隊搭乘美保丸（四千五百噸）自佐世保港出航，卻在十一月十一日九時十五分於五島列島外海遭美軍潛水艦水雷襲擊，後來靠自己的力量折返佐世保。

十二月十日，薄部隊乘坐第一東洋丸再次出港，並於十二月十五日駛過冬季風狂雨驟的玄界灘，暫停於朝鮮珍島外海。十二月十七日，第一東洋丸經長江外海南下，沿東海及中國大陸沿岸航行，並在十二

四支左營震洋隊的部署位置圖（圖片來源：廖德宗繪製）

月二十二日平安駛入高雄左營港。薄部隊上岸後，立即整頓震洋艇，並避開美軍空襲，在夜間、傍晚、清晨進行襲擊訓練。接著，除了有六十名甲飛十六期生（在臺灣招募訓練的搭乘員，主要為灣生[4]），入隊成為第二搭乘員，也是年紀最小的特攻隊員之外，還有約二十名臺灣本島的海軍特別志願兵入隊。薄部隊在左營外海進行夜間訓練，期間有七名隊員失蹤，視同戰死。一九四五年八月十五日終戰後，臺灣人特別志願兵及十六期生在九月中旬退隊。十月初，日本隊員為了自給自足，前往中部的竹山、嘉義新港等地打零工生活，並於十二月初集結於高雄海兵團。一九四六年三月中旬，薄部隊在高雄港搭乘美軍的ＬＳＴ遣返船返國，並於三月二十一日一早登陸日本廣島大竹港，之後復員解散。

（二）第二十一震洋隊：竹內部隊

第二十一震洋隊的部隊長為竹內泉中尉。竹內部隊駐紮的芒果樹林，即位於戰後的左營西自助新村活動中心周邊，其配備五十五艘一型震洋艇及一百八十三名成員，包括七名軍官、四十九名搭乘員、十八名本部員、三十五名整備隊員及七十四名基地隊員。一九四四年十月二十日，竹內部隊在川棚臨時魚雷艇訓練所組成，銜命派至高雄警備府。同年十一月初，全隊移師至佐世保待命，並於十一月九日搭上六八六二噸輸送船「聖川丸」，前往門司集合，並由九艘護衛艦（含

第 21 震洋隊：竹內部隊，第一期甲種預科生（圖片來源：《寫真集：人間兵器》）

航空母艦神鷹號）與十一艘輸送船組成「七八一」船隊。十一月十四日，船隊自伊萬里啟程，預定前往昭南（新加坡）。然而，兩艘輸送船和航空母艦神鷹號卻在航程中遭美國潛艦擊沉。聖川丸則在十一月二十六日抵達高雄。竹內部隊駐紮左營基地後，整頓震洋艇，為避開空襲，在夜間實施襲擊訓練。此外，約有六十名甲飛十六期生加入成為第二搭乘員，還有二十名臺灣人海軍志願兵入隊。隔年八月十五日終戰後，因遣返日本的船隻太少，部隊為了自給自足而在九月中旬分為打零工與農耕小組，分散到臺灣各地生活。之後，竹內部隊借用美軍的LST為遣返船，與其他震洋隊一同在一九四六年三月返回日本。

（三）第三十一震洋隊：栗原部隊

第三十一震洋隊的部隊長為栗原博中尉。栗原部隊駐紮在目前左營海青工商的龍眼芒果樹林內。配備五十五艘一型震洋艇及一百八十七名成員，包括七名軍官、五十名搭乘員、二十四名本部員、三十五名整備隊員及七十一名基地隊員。從橫須賀海軍水雷學校結訓後，栗原部隊在一九四四年（昭和十九年）十一月十五日編成。

一九四四年十一月二十五日，該隊搭乘隸屬於「七八三」船隊之九二四六噸的日本郵船讚岐丸離開佐世保港，在十一月三十日早晨安抵高雄港外，並隨即在左營靠港上岸。栗原部隊在已抵達的竹內部隊

第31震洋隊：栗原部隊的搭乘員合影於橫須賀水雷學校（圖片來源：《寫真集：人間兵器》）

的幫忙下，完成卸下兵器與其他器材的工作，並搬進由設營隊[5]興建，位於芒果林內且與竹內部隊、薄部隊相鄰的宿舍。當時設營隊已在壽山挖好震洋艇的洞窟，並在基地隊長指揮下稍加修改。除了四支震洋部隊外，左營還有一隊「甲標的」（蛟龍潛艇），與震洋隊在同一海面進行訓練，每次都由警備隊協調、擬定訓練計畫表。終戰後，中國軍隊（六十二軍）開始登陸，而日本隊員根據自給自足方案，需移至各地從事軍作勞務。一九四六年二月起，栗原部隊分成三隊先後返國，較晚走的留在乘船地司令部的預科練之中，有數人乘坐最後一班傷病船（高砂丸）返回九州的佐世保港。

（四）第二十九震洋隊：永井部隊

部隊長為永井大尉的永井部隊，駐紮於目前左營桃子園陸戰隊保修廠的營區，該營區雖可容納三個震洋隊，最後卻僅有第二十九震洋隊——永井部隊進駐。營區因靠近海邊、目標顯著，而設有三座擔任警戒的「哨兵塔」。其次，靠近南海大溝出口的營區，因有通往港邊的鐵道而成為美軍轟炸的目標。

永井部隊配備五十四艘一型震洋艇及一百九十一名成員，包括七名軍官、五十名搭乘員、二十一名本部員、三十五名整備隊員及七十四名基地隊員。一九四四年（昭和十九）年八月，第十三期海軍甲種飛

第 29 震洋隊：永井部隊隊員合影於桃子園營區（圖片來源：《寫真集：人間兵器》）

行預科練習生入隊；在渡邊司令激勵下，兩百名放棄飛行夢，志願成為特攻要員的練習生，前往橫須賀海軍水雷學校受訓，同年十一月十五日，永井部隊編成。為了準備出擊南方，該隊移至佐世保市，在川棚魚雷艇訓練所接受火箭實彈射擊的訓練，並於十二月底搭上辰和丸，加入在門司外海組成的船隊出航。夜裡，因同行船隻在南海遭美軍潛艦擊沉，船隊於是解散，各自以全速衝向基隆外海。之後戰況愈來愈不利於日軍，原定派駐菲律賓馬尼拉的辰和丸，緊急改派至高雄警備府，單獨南下高雄港。進駐左營要港後，永井部隊將震洋艇藏匿於壽山山腳的龍眼樹叢後方，接著所有隊員齊心協力以三班制輪流挖掘隧道，並在四月底完成基地建設。當時美軍連日空襲高雄市區，而高雄軍港內很少看到日本船艦，永井部隊反而每天都在等待美軍登陸，進行致命的攻擊。一九四六年二月底，永井部隊返國，於廣島大竹港上岸後就地解散。幸運的是，該隊並無人員傷亡。

七、激戰馬尼拉、沖繩——震洋隊的實戰和殞落

太平洋戰爭期間，日軍原先冀望震洋隊能發揮遲滯美軍進擊的功能，但實際上，震洋隊僅在菲律賓、沖繩兩地有出擊紀錄，並全軍覆沒。部署臺灣的十支震洋隊則因美軍執行「跳島政策」，沒有登陸而無出擊機會，其他地區則因受制於美軍的強大戰力，大都在空襲威脅

下待命至戰爭結束。

日本海軍在擬定於菲律賓的「捷號作戰」後，馬上派出第七、九、十、十一、十二震洋隊進駐馬尼拉灣口的科雷希多島（Corregidor），並讓第八震洋隊設防於呂宋島的梨牙實比（Legazpi），第六震洋隊轉往婆羅洲的山打根（Sandakan）布防。然而，第十三、十四、十五震洋隊在移防過程中，遭美軍潛艦襲擊、殲滅。一九四四年十二月二十三日，駐於科雷希多島的震洋隊在收到美軍船隊移動的消息後奉命出擊，但因震洋艇失火、連環爆炸，導致五十艘震洋艇毀損、百餘名搭乘員喪命。

隔年二月，美軍進擊馬尼拉灣。當月十四日傍晚，第十二震洋隊發動十二艘震洋艇突襲，同時第十一震洋隊也派出五十艘震洋艇出戰，但在美軍兇猛的防禦火力下損失慘重。到了十六日，美軍對科雷希多島發動空降、兩棲突擊，第十震洋隊旋即派出剩餘的震洋艇出戰。然而，震洋隊之後雖然轉以陸戰方式和美軍展開肉搏戰，仍於二月二十七日全軍覆滅。

美軍在菲律賓的戰役大勢底定後，一九四五年四月一日對沖繩島展開二戰太平洋戰爭期間規模最大的兩棲登陸行動：先攻克了沖繩島西側的慶良間列島（Kerama），並殲滅島上的陸軍海上挺進戰隊[6]；當時，第二十二震洋隊在處置剩餘的震洋艇後便撤離基地，轉與其他部隊一同在陸上頑抗美軍；最後，在彈盡糧絕之下，許多隊員選擇自殺。

第三章

薄部隊——集訓、成軍到遠颺臺灣

chapter 3

二〇一四年，左營舊城因拆除眷村房舍而發現震洋特攻隊的基地，加上在日本奈良縣立圖書館找到《回想薄部隊：海軍第二十震洋隊回憶錄》一書，左營震洋隊的歷史才得以重見天日。依日軍傳統，部隊中一旦有人戰死，復員後的凝聚力就特別強。四支左營震洋隊中，第二十震洋隊因有九名隊員在駐地犧牲，戰後組成了「薄會」。多年來，除了聯繫同袍情感，每年都舉辦「慰靈祭」，緬懷犧牲的戰友，並於二〇〇一年出版了彌足珍貴的唯一一本左營震洋隊回憶錄。《回想薄部隊》全書約十二萬字，由十多名隊員寫成，還沒等到出版就先過世的薄繁藏部隊長也有執筆。

《回想薄部隊》一書雖未涵蓋左營四支震洋隊的全部隊史，但舉凡部隊養成、訓練、作息、營舍制度都大同小異，所以「僅此一本」便足以瞭解左營震洋隊的全貌。這本回憶錄的內容，可說是舊城歷史、高雄二戰史、左營近代史中不可或缺的一角，重要性自不待言。為了瞭解這段歷史，我們在力求精簡、儘量保持日文原義及以左營為摘錄範圍的原則下，整理出〈第三章：薄部隊－集訓、成軍到遠颺臺灣〉及〈第四章：薄部隊－左營紀事與終戰之後〉。

除了釐清震洋隊隊員的最初組成、在日本的訓練基地、未滿二十歲少年隊員的心理狀態及船隊出征過程外，也一窺最重要的，左營基地的備戰與生活點滴；盼能深入且細緻地還原左營震洋隊的全貌。《回

在川棚魚雷艇訓練基地的大村灣進行魚雷艇訓練（插畫：林家棟）

想薄部隊》全書多由第二十震洋隊第一艇隊的搭乘員山本一美執筆，因此以下若無特別註明，文內的「我」為「山本一美」的自稱，「我們」所指為「薄部隊」或「薄部隊隊員」。接著，讓我們穿越時光隧道，回到二戰末期的震洋隊，一窺「自殺部隊」的戰爭往事。

一、集訓與成軍：川棚魚雷艇訓練所時期

川棚魚雷艇訓練所位於現在的日本北九州長崎縣，為二戰時震洋特攻隊的訓練基地之一，目前仍保有許多震洋隊的史跡，第二十震洋隊便訓練與成軍於此。

（一）移轉與赴任——年輕氣盛的薄繁藏部隊長

第二十震洋隊的部隊長薄繁藏中尉，被任命為部隊長時才二十四歲，他在回憶錄《回想薄部隊》（頁一五一—一七）中如是寫道：

一九四四年（昭和十九年）十月某日，人在新加坡南部林加灣，擔任隸屬二水戰（第二水雷戰隊）第三十一驅逐艦－沖波號驅逐艦組通信士的我，收到了署名佐世保鎮守府[7]的人事令電報，途經新加坡、西貢（編按：現胡志明市）、海南島、臺北、鹿兒島，回到佐世保鎮守

1944 年 10 月，薄繁藏在川棚魚雷艇訓練所時期的個人照。（圖片來源：大賀誠治）

府覆命，接著前往川棚臨時魚雷艇訓練所赴任時，已是一天中的傍晚時刻了。我與第二十二震洋隊長豐廣中尉、A中尉三人一起到軍官室向副官問安時，副官對我們說：「你們是震洋隊了，辛苦了，今晚就喝酒放鬆吧！」他接著招待我們一升（約一・八升）酒與一條鯛魚。雖然那裡的待遇不錯，但走在那條前往俱樂部的坡道時，我們卻不斷詢問帶路的水兵：「震洋艇到底是什麼？」水兵告訴我們：「震洋艇不就是載著二百五十公斤炸藥，向敵人船艦衝擊且以三夾板作為船身的一人座馬達快艇嗎？」

那一瞬間，我們緘默了。由於當時特攻隊還未為人知，我們也還沒做好心理準備。即使參加過數次實戰，也不乏在千鈞一髮之際撿回一命的經驗與必死的決心，但真的被命令去送死，那種感受又不同了。

我們是為了勝利、活著而戰鬥，雖說有必死的決心，但那是源於有活著的希望。卻有誰知，如今竟在不知情時，被賦予了死亡的任務，此時又該說些什麼才好？很難就這樣接受，同時心中還有種說不上來的厭惡與震驚！

「我的人生才二十四歲」、「只能活到今天而已嗎？」這樣的感慨在胸中迴盪不去，寂寞感也油然而生。

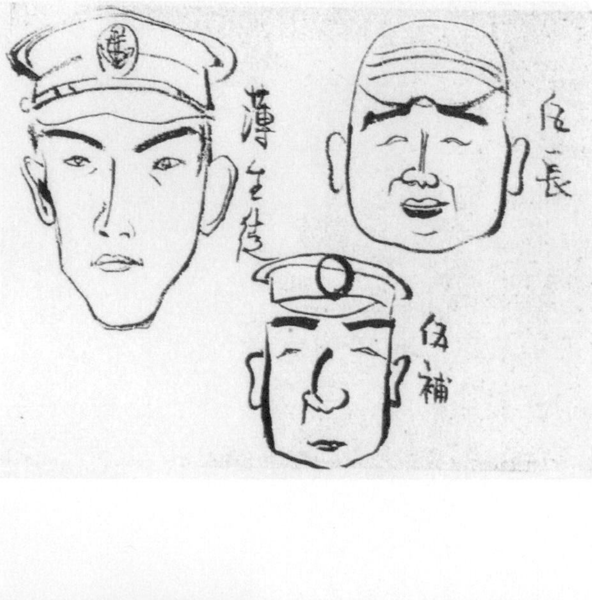

薄繁藏於海軍兵學校時的漫畫作品（圖片來源：大賀誠治）

那一夜，我們三人喝了很多，多少像是在喝悶酒。然而，A中尉說什麼也無法接受進特攻隊這回事；他憤慨無比執意辭退。我跟豐廣中尉則以帝國存亡之秋，賭命報國為帝國軍人夙願，失去這個就什麼都沒了等各式說詞勸他，但他卻一副鐵了心的模樣。之後A中尉便轉調驅逐艦組，或許是因為他的陳情獲准了吧。聽說那時候的海軍禁止下達必死的戰鬥命令。

隔天，我們在訓練所出勤，與部隊搭乘員會面，在五十名天真無邪、元氣十足、值得信賴的年輕人面前，當下，我對內心曾經充滿迷惘的自己感到無比的羞愧。然而，站在有如新芽櫻花般的五十名新兵面前，面對將赴死地的命運，竟深感自己責任重大，彷彿有一股強大的力量與鬥志自心底沛然湧出。但其實到最後，我的內心依舊感到迷惘，無法做出覺悟，以及自己掛名隊長卻沒給予足夠的指導，至今仍感到慚愧。終戰三十年，再次向大家表達深深的歉意。在左營這一年雖然是很丟臉的一年，但也是與大家一起凝視死亡的快樂的一年；我在芒果樹下度過的這一年，留下了終生難忘的珍貴回憶。

（二）不靠譜的「綠色青蛙」——令人失望透頂的震洋艇

第二十震洋隊第一艇隊的搭乘員山本一美，在回憶錄《回想薄部隊》（頁一八一—三二）中，對震洋艇的第一印象、基地訓練、魚雷艇、佐

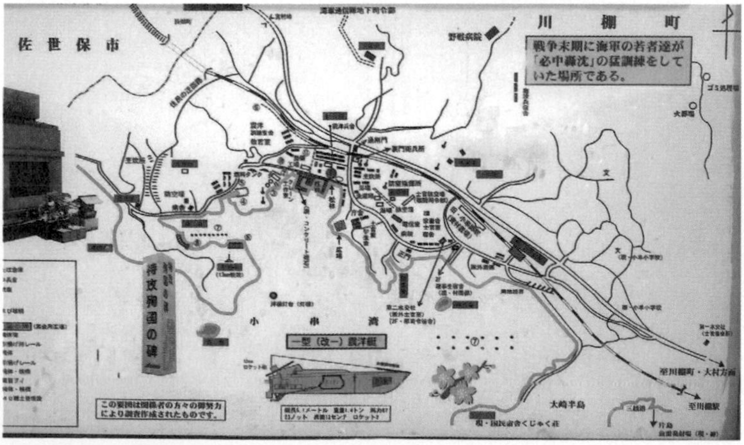

川棚魚雷艇訓練所基地復原圖（圖片來源：郭吉清）

世保市區狀況、結訓晉升授階有如下描寫：

第一次看到震洋艇，我感到相當震撼，成為新銳兵器的搭乘員理應當相當興奮才對，但我雀躍的心宛如被輾過般地相當失望。在奈良海軍航空隊時，山田茲郎[8]司令官曾對我們說：「那是媲美德國V2[9]的新武器，新武器的搭乘員非得由你們當中，受過種種訓練且身心傑出的人才能來擔任。」

「我們本應深信山田茲郎司令官的話，並殷切期盼自己雀屏中選，但現實卻如此天差地遠。從訓練所最高的眺望台往下看，完全看不到用來訓練的裝備；放眼望去，海面上漂浮著數艘魚雷艇和二十多艘小型船艇。領隊的士官指著像是馬達快艇的物品道：「這就是你們即將搭乘的新武器『震洋艇』。」語畢，我整個人呆掉了，記得當時的天空萬里無雲，猶如我的腦中情形一樣，一片空白。」

為了挽回頹勢，卻用了這麼不可靠的兵器：豐田的引擎搭三夾板製的震洋艇，搭載二百五十公斤的炸藥，名字雖然英勇，但就像將「綠色青蛙」扮成黑斑側褶蛙一樣，不僅裝扮不合身，也不合用。心裡的打擊持續了好一陣子。引領的士官們察覺到如此氣氛，為了提振士氣，他們在回川棚工廠的宿舍路上叫我們唱軍歌，但是大家的心境依舊，絲毫沒有被激勵到。起先因為嚮往在空中飛翔，才撐過大量嚴苛的訓練，如今卻分配到如同在海上爬行般的部隊，這樣的落差實在太大了，著實令人感到相當不甘心。

（三）瀰漫緊張氛圍的海軍基地

一九四四年（昭和十九年）九月十二日進入訓練所之後，教官傳授我們各種預備知識。十九日起，開始跟著教官一同搭乘這艘「不速之艇」，實施操縱訓練。沒想到這艘「不速之艇」開到極速時也僅十五、十六海浬，就連一般馬達快艇都能開到二十五、二十六海浬。本來一心期待騎乘駿馬，如今卻騎著蠢馬，著實讓人氣惱。也不知教官是否明白我們心情，仍然盡力地指導，若只要靜靜掌舵就算了，但不斷的反覆練習，讓我們更不高興。研習期間，機械式地聽著教官上課，會乖乖的聽課的人倒還好，但翹課不知道跑去哪的也不少。如此的情況一直持續到畢業以前，甚至因為沒幹勁所以乾脆連作業也不做就跑去後山遊玩的大有人在，以致和藹的教官也被激怒了。會屢屢發生這樣的狀況，是我們對於無可奈何的現況所做的小小反抗。

但在這裡的生活比在奈良海軍航空隊時還要忙碌無比，吃早餐前，要先排掉艙底的廢油水、裝填好燃料，晚餐後，要準備夜間訓練的船艇，接著進行夜間訓練，忙到連洗清沾滿油污雙手的時間也沒有，有時甚至連洗臉也都懶了；用餐時，就把早已冷掉的味噌湯淋在飯上，

魚雷艇訓練所的軍官用食籃與瓷碗。（圖片來源：《寫真集人間兵器》）

且剛喝完茶就要列隊點名，簡直像上了發條的玩具車般，才剛停下來，又被上緊發條。在川棚的生活，對照被陸地環繞的大村灣[10]如同水池般安寧，我們的心情卻無法平靜，右邊是佐世保航空隊的水上飛機，左邊有大村航空隊的零式戰鬥機與陸上攻擊機（簡稱陸攻）嗡嗡盤旋，使我們的執念再度被煽動，同時也因為心裡的悲憤無處宣洩，大家便利用自習時間寫歌來抒發情緒。

九月二十一日，佐世保鎮守府的長官前來巡視。局勢沒有好轉，幹部們居然想靠這麼原始的兵器殲敵，我們只能理解為是因為情勢沒有好轉的緣故。但如此不切實際的方法，加上愚蠢的我們並未考量到這正是敵我之間生產力的差異，實在是太幼稚了。接著，又歷經十天這種不舍晝夜、令人不快的訓練。到了十月五日，我們分別搭乘大發動艇（編按：日本大帝國陸軍的登陸艇，簡稱大發）至對岸龜岳進行行軍，純樸的村民們煮了鄉土料理薩摩湯（雞肉蔬菜番薯湯）招待我們。有對兩個兒子都去當飛行兵的老夫妻，視我們如親生的孩子般，在行軍經過時，招呼我們入內，準備了地瓜和柿子款待我們。下午，我們與女子青年團在日蓮宗佛寺共同舉辦才藝表演，相較於煞風景的我們，那些女孩們精彩的歌舞更能夠滋潤人心。

十月九日，在佐世保軍港進行襲擊訓練，自大村灣以時速約四、五海浬的速度行駛，渡過針尾瀨戶水域後，並針對停泊港口附近、曾參

魚雷艇訓練所時期，震洋隊隊員休假外出。（圖片來源：《寫真集：人間兵器》）

與日俄戰爭的常磐號驅逐艦進行長距離襲擊演習。白天攻擊很容易，但日落後，由於四面環山無一縷月光，因此在晴天的夜晚找尋海上的目標非常費事。整頓好襲擊隊形後，一旦瞥見驅逐艦的影子，就用手電筒打突擊的暗號。突然，黑影急速擴大，震洋艇在驅逐艦後方的砲塔處揚起水花一擁而上。我們在攻擊目標前方約二、三十公尺處才及時迴避。其實只要早點降低速度便能安全迴避。但如此一來便喪失了刺激感，好不容易在黑暗中找到目標的我們，至少可藉由享受刺激感過個乾癮，因此一點都不想降速呢。

（四）驚險萬分的海上襲擊訓練

一九四四年（昭和十九年）十月十四日，侍從武官Y少佐指示，將巡視三、四期的震洋隊，並舉行第三期三個部隊與第四期八個部隊，共十一個部隊的閱兵，而這天的指揮官正是薄繁藏中尉。侍從武官不知是在深宮工作久了，或大病初癒，臉色發青的他看來十分虛弱。從大門到廳舍，我們排了長長的人牆迎接他的到來。接著，在廣場上排成兩列閱兵，而侍從武官因為之後還有指令傳達儀式，便離開了。

下午進行襲擊訓練的檢閱。這天，與樋口飛行長一同搭乘震洋艇，並以出擊的隊形出發。但還沒出大村灣就感到艇身劇烈震動，直覺應該是引擎閥門彈簧壞了，於是我向指揮官發信號請求半途折返，檢查

1944 年（昭和 19 年）10 月，第 20 震洋隊隊員合影於川棚魚雷艇訓練所。（圖片來源：大賀誠治）

結果也的確如我所料。只是沒想到，換了一艘船艇，卻因為海水幫浦（抽水機）發生故障也無法使用。第三艘船雖然順利出發，但這種情況若發生在戰場，真不知後果將會是如何？即使有些欲哭無淚，我還是把船艇升到全速、加入戰隊的陣容。人們常說，勞動者祈求機器別罷工，飛行員則祈求飛機別故障，經歷過今天的事情讓我心有戚戚焉。

這一天的浪很高，全身都被濺濕了，終於就定位準備襲擊的我，緩緩接近載浮載沉的目標艇——大發動艇與魚雷艇。教育主任說「出擊時攜帶的水中糧食裝備，裡頭需裝著：威士忌、些許糧食、乾麵包、零食與提神劑。最後，我們會在決定突擊後固定船舵，並在距離目標百米前跳入海中。」這時，心裡還得要有海面不會一直風平浪靜，而是像今天這種滔天大浪的覺悟。

如果因目測方位失準而無法完成攻擊，實在丟臉至極，但在這個模型遊戲般的海灣裡，連白天都這麼困難了，更何況近在咫尺的目標也都看不清楚的夜晚，在敵軍不斷移動的情況下，成功襲擊簡直是不可能的任務。不過，這次演習仍有所獲，若要確保機器的可靠運作，日常維修非常重要。還有，直到最後，我們都要保持著玉碎的心態達成任務。

（五）魚雷艇訓練與結業

這裡除了實施震洋艇的訓練外，也進行魚雷艇的訓練，被稱作預備學生的受訓者們，接受即將成為魚雷艇的艇長的訓練。由於魚雷艇使用航用引擎，因此聲音相當大，若是執行完任務，跳入海中的我們想要求助於它們，等於是向敵人洩漏行跡。魚雷艇的攻擊是以時速三十節的速度接近敵方艦艇，然後從兩舷施放：九三式直徑約四十公分（日文：糎）的航空魚雷。

奈良海軍航空隊曾教導我們：魚雷圓錐形圓筒的前端是火藥，接著依序為：壓縮空氣、清水、燃料機械、方向控制裝置等。以白鐵皮包覆馬達的機械式魚雷，首先會因其重量而沉到深海，並在一定的深度持續前進，接著螺旋槳會以四十浬的速度推進；無論是為了避免平面轉動，或增加命中率的斜進裝置，或內燃機氣動式魚雷等，精密度都相當高。

日本海軍的魚雷精密度是世界第一，但似乎被美國海軍撿去做研究。鐵塊般重的魚雷為何會在海上被撿走呢？因為在我們的訓練過程中，採用了會讓魚雷浮上來的裝置：以燃料取代炸藥的彈頭在用罄後就會浮出水面。號稱「水雷第一人」的小畑分隊長解說時，那曬得黝黑的臉龐令人懷念無比啊。

昭和年間的日本舊海軍甲型魚雷艇。（圖片來源：《寫真集：人間兵器》）

一九四四年（昭和十九年）十月二十二日，震洋艇操作與戰術訓練課程結業後，我們受封為「掌特攻兵」，被授予「八重櫻」的特攻術章，資格等同於航空兵結業。就連部隊和軍港裡的麻雀也開始呼喚我們為「兵長」。深秋之時，沿著山路、俯瞰著山下風平浪靜的小串灣，此刻的我們正走過山谷，前往針尾海兵團[11]。

（六）九州佐世保的婆娑世界

在針尾海兵團裡，有三分之一的成員獲准登陸洗澡，稱之為「入湯上陸」[12]，此外每週還有一次左舷或右舷人員登陸的「半舷上陸」[13]。這時，登陸的成員們可以外宿於婆娑世界，如放飛的鳥兒般飛奔至佐世保，或南風崎的市區走走。

我對佐世保的第一印象是清一色的海軍，顯然此地是一座守護日本西南的軍港城市。如今，白天會遇到婆娑搖曳的風，晚上還能在鬆軟的被窩裡輕鬆睡覺，真是莫大的幸福。雖然偶爾才有看電影和玩樂的機會，但也因為突然獲得自由而忘了分寸，以致看完電影才開始找住宿；然而，恐怕是玩太晚了，不管到哪裡都被拒絕。

那晚，我和黑木一起到處尋找留宿的旅店，最後雖然找到一間木賃宿[14]，可惜無法如願睡在鬆軟的被窩，而是睡在和式床墊上蓋著宛如

煎餅的棉被度過一宿。自紀律森嚴的生活解放的我們，為了遵守歸隊時間，天未亮就急忙起床趕往車站。

剛歸隊不久，馬上又要準備出發。昨天外出前才聽說，軍隊可能從廣島的吳港開往臺灣，或許是因為如此昨日才特准休假吧。但現實卻是早就決定從佐世保出港。因此，前往佐世保防備隊後，接著就會乘船前往高雄作戰，雖然休假取消，但開始期待素未謀面的南島風土。

這天下午敵機來襲，從冉冉上升的煙霧看來，作為長程轟炸作戰基地的大村航空隊似乎受了不小的損害。但最後在高朗的秋日空中，卻見敵機向海上逃去，而我方的小型戰鬥機在後頭追趕。雖然翱翔天空的心願已不可能實現，但仍難以壓抑心中飛翔的夢想。如今，除羨慕那些敵我雙方的機員，燃燒著與敵人戰鬥的靈魂外，什麼也做不了。

空襲警報解除後，我們在下午三點前往佐世保防備隊，雖然僅移防七、八公里，但事後才知道我們其實也會有加給。隔天的報紙寫著，大村航空隊僅有輕微損失。在這裡，我們就像碼頭的卸貨工人般，每天往即將搭乘的美保丸上堆放糧食、燃料、兵器與彈藥等足足三個月的物資。

令人生厭的戰局在六月丟失了塞班島，七月丟掉天寧島後，已逐日

右頁圖：

1940 年間的佐世保港（圖片來源：《寫真集：人間兵器》）

福近我們此行的目的地——臺灣。遠方的臺灣，此刻我方與美軍正爆發臺灣空戰，因連日空襲，大家也都有了渡臺的話，可能在一個月內喪命的覺悟。

（七）「二等飛行兵曹[15]」晉升典禮

一九四四年（昭和十九年）十一月二日，我們在借宿的防備隊營舍舉行士官晉升典禮，大家的帽上都添了茗荷芽（日本生薑）圖案的「抱茗荷」帽章。戰友們趁著飛行兵長不在時彼此敬禮，並開心笑說：「大家感覺更親近了。」舉行士官晉升儀式後，五十位二等飛行兵曹於焉而生。一走出去，連軍港的麻雀甚至小孩都叫我們「牡丹餅」。事實上，將這種因勤務天數比例而快速晉級的樣式稱作「Ochoochin」（オチョーチン）或牡丹餅，是過去階級典章留下來的習俗。在這樣的習俗下，部隊裡會以喝過的味噌湯數量作為尊稱，但實為揶揄，雖然心中摻雜著不甘心的滋味，但在外界的眼中，其實都是很棒的軍隊。

此時開始吸菸的同期生，幾乎都未成年。但由於每人每次能配給到二十到五十包香菸，加上隊員們的煽動，慢慢地，人人都開始吸煙了，沒想到嚴格的軍隊竟然視國家法律如無物！

因為覺得可能是最後一次外出了，所以在拍下晉升士官的首次正式

晉升二等飛行兵曹，戴上「抱茗荷」（生薑圖案）帽子。（插畫：林家棟）

照片後，大家都把照片寄回家。如今，身處於九州邊陲的我們，就算在十一月五日有整整二十四小時可以外出，但也來不及返鄉；雖然遺憾，但仍可如往常一樣去住旅館、看看電影，呼吸一下婆娑世界的空氣，屏除對親人的思念。

二、出征實錄：幾經波折，飄洋過海到臺灣

一九四四年（昭和十九年）十月，麥克阿瑟開始率軍進攻菲律賓，十月二十日起，進攻菲律賓中部的萊特島；同時，日軍展開了「捷號作戰」，計畫由三股海上力量對雷伊泰灣的美軍第七艦隊發動攻擊。此刻，日軍在南太平洋的戰況達到另一波高峰。十月二十日同一時間的日本本土上，在川棚受訓的第二十震洋隊正式成軍。十一月六日，佐世保防備隊的全體官兵已作好出征的心理準備。以下為《回想薄部隊》（頁三二一—五六、頁八四）中，山本一美對震洋隊自佐世保出征，至登陸高雄左營港的所見所聞：

（一）搭乘美保丸出征

一九四四年（昭和十九年）十一月七日，為了祈求征途順利，一大

早全體人員便穿上軍裝，從佐世保防衛隊疾行快走，往返市區的八幡神社進行參拜。我想隊長或許是想瞭解我們的體力能耐，才會讓我們以疾行的方式前往參拜；不過大家在奈良海軍航空隊時期，早已將體能鍛鍊得非常好，因此這點程度根本不算什麼。前往神社的路上，我們經過像神戶那樣有著狹長街道的城鎮，走了應有三公里遠。此刻，隊員們穿著統一的軍服，束小腿，著編上靴（一種舊陸軍專有樣式的短靴），沒有帶槍。

十一月七日下午兩點三十分，全隊搭上四六六七噸的美保丸，離開時，在全體防備員的目送下安靜搭船，而校級的軍官好像在談論我們的事，只見他的左手掌橫向平攤，右手握拳、瞬間向左手撞去，接著啪地張開拳頭，用以比喻：我們震洋艇出擊的樣子，而兩人的眼神彷彿是看著自己疼愛的小孩一般，讓我印相深刻。

部隊的船直直向前開，接著向右迴轉，我們依海軍慣例揮動帽子，向前來歡送的人回禮與告別。部隊長和基地隊長為了選定基地，跟我們搭了一小段船之後，當天就下船、搭機飛往臺灣了。我們的部隊名稱是：「第二十震洋特別攻擊隊」，但一般都以部隊長薄繁藏中尉的名字簡稱為：「薄部隊」。二艇的隊長是佐藤寅吉兵曹長，三艇的隊長是預備學生出身的都田武男少尉，四艇長為越田和一兵曹長，一艇隊長則是由出身海兵七十一期的部隊長（薄繁藏中尉）兼任。二、四艇長雖是特務士官，但成績優秀，二十歲過半的他們不像我們為赴死總是一副神經緊繃的樣子，感覺總像個嚴格的大哥般神采奕奕。

黃昏時分，從海上眺望佐世保的街區，像極了神戶的街區。山、海離得很近，街道寬度狹小、長度卻很長。左邊插著中將旗的建築物是鎮守府，右邊插著少將旗的建築物是防備隊。太陽西下後，夜色流淌於港灣的城市，因為燈火管制，安靜的陸地一片死寂，只看得到防備隊眺望樓的一點燈光。不經意地從船舷側面往下看時，則可見夜光蟲隨著海水拍打船體，噴散的光亮宛如打碎了船體一般。

十一月八日一早七點，大船已經出港、遠離佐世保街區。較之一臉感慨的年長士兵們，我們年輕人的眼神單純而直率，心中掛念的只有沒看完的電影。早一步起錨的八號潛水艇已先行前往弁天島。上個月演習時作為攻擊目標的常磐號驅逐艦，為執行沿岸的防備任務而出港，因此未見其蹤影。

大船一出港外就開始小幅搖晃，此時的時速九浬。經過長崎海面時，左邊映入眼簾的是島原半島的雲仙岳，接著進入有明海的「三池港」，並於下午五點左右下錨。秋天的太陽如古井的水桶般迅速落下，黃昏的雲靄則像是快貼到地表般低沉，煙囪林立的地方應為大牟田市，岸邊則停泊著十艘左右的船隻。九日舉行船隊會議，並在船上舉辦才藝表演，我們部隊的中畔飛曹以口琴表演獲得第一，使我們部隊因而士氣高漲。十日，陰天、雲厚，船隊在下午三點組成單排縱陣，一艘接著一艘出港。本隊搭乘的美保丸是十一艘中的最後一艘，每艘船都揚起了出帆旗。然而，載著滿滿的人和物資，卻僅有少數護衛艦在旁邊，真是令人不安的出航。當大船通過樺島水道時，已有掛上D旗（舵機故障）的船靠近陸地停泊了。

（二）誤撞美軍潛艇水雷，隊員下落不明

越往外海航行，越看不見陸地。

一九四四年（昭和十九年）十一月十一日早上九點十五分，當隊員們正在艙內下將棋時，忽然「鏘」地一聲巨響，船體承受巨大衝擊，不僅停電，將棋也震落一地，連樑上長年累積的灰塵都掉落下來，似乎是觸礁了。我們正要把將棋的棋子收起來時，忽然船艙出入口「咚」地一聲、巨大的水瀑湧入，導致船內瞬間騷動，大家都順著本能往階梯逃生。

在甲板上時，不曉得誰說了：「因為是浮動水雷，所

第20震洋隊首次出征乘坐的美保丸，在五島列島外海誤撞美軍水雷。（插畫：林家棟）

以不用擔心。」的話。船停了下來，機器卻仍在運轉，並發出「哐啷、哐啷」的聲響。觸雷後，船身向著船頭傾斜，但似乎只有第一船艙進水。船頭沉下去了，而船尾舉起來的推進器，從海面看來，彷彿孤單地憑藉己力航行的怪船，勉強地向東行駛。事故發生後，同行的船隻也改變行進方向，採取閃避的姿態。海防艦丟下了深水炸彈，周遭的海域爆炸聲連環而起，同時環繞著：「咕嚕！咕嚕！」的聲響。接著，海底下的小山浮了出來，我們首次出征的美保丸，竟中了美軍潛水艇的招，我還記得當時遠方，應該是五島列島吧。

甲板上的看守員有三人被震飛，兩人輕傷，站在船頭的隊員因為被震到海上而下落不明。我們部隊的乘用車跟載貨卡車雖然被綁在船上，但乘用車的車頂卻被大量的海水沖破，卡車駕駛座的車頂也凹陷了。救難飛機在被水雷打到後的半小時內趕到，直到機員們的臉龐清晰可見時，我們的心才又活了過來。下午三點左右，全體隊員被帶往五島列島最大的「福江島」暫時休息，在前往福江島的這段路上，飛機與海防艦護衛著我們，他們在我們抵達福江島後便離開了，我們則在心裡對他們致意。

十一月十二日早上八點三十分大船起錨，以約三海浬的緩慢速度，於晚上六點再次進入佐世保港。軍需部的士兵們為了準備多少飯量而大吵架。接下來兩天都被關在悶熱的船艙。十一月十五日，竹內部隊搭上由商船改造的砲艦清川丸——一艘七千噸級的大船出港，我們在甲板上彼此以手旗約定平安再會後就分手了。

（三）大難不死——重返佐世保防備隊

十一月十七日早上十點，警戒警報發布，但沒什麼大事發生。吃過晚餐後，我們下船回到原來的佐世保防備隊。在那裡，有等待出港的永井、栗原、和田[16]三個部隊待在那邊。和田部隊原先計畫前往菲律賓的雷伊泰島，但因戰況緊急中止任務，只得取消下船。栗原部隊即將在十九日出發前往高雄，永井部隊也正準備前往高雄。

十八日起，開始從遭水雷偷襲、受傷返港的美保丸上的軍需品運上陸地。大船破損處的厚鐵板捲了起來，且在約水面上三公尺的地方破了個洞，而海面下還有更大的洞。像是被榻榻米一樣大的東西擊中，緊急採取應急處置。而離第二分艙僅不到一公尺遠的第一分艙被水雷擊毀。其實第二分艙裡，放置了六十箱震洋艦艇的彈藥箱，一箱彈藥箱裝有二百五十公斤的火藥，等同於送往菲律賓諸島的彈藥量。好在兩艙之間隔了一塊鐵板，否則如果魚雷的發射慢零點幾秒，或我們的船快個零點幾秒，不知會有什麼後果？所謂人的生離死別，應該就是指這樣的一瞬間吧。

忙碌的日子裡，除了持續找出罐頭與醃製乾貨，也要繳回或更換因碰水而變成不良品的消耗品。有時候，中午的便當沒送來，我們就瞞著軍需部，將要繳回、剛搬運上陸的乾麵包當午餐吃，並將這些乾麵包分給前來支援的別隊士兵，雖然自作主張，但好在從來沒被發現過。一起工作的這些補充兵，身形較小且滿身是灰塵汗水，令人一見著便深感同情。接連幾天，我們就像碼頭工人般，重複地把浸了海水的食糧、物品從美保丸搬到小船上，堆滿後運到碼頭上陸，這段跟基地隊員一起工作的時光，雖然很辛苦卻也頗為悠閒。

（四）再次入湯上陸，外宿一夜

重返佐世保、並完成美保丸的卸貨工作後，隊員們獲得入湯上陸的福利，山本一美也寫下這段期間無奈等待的感受：

入湯上陸後，我們在旅館「彥左」裡大吃大喝，吵鬧無比。接著去看電影，大口呼吸自由的空氣，享受別離未久的故國。這段時期朝日新聞正連載「九軍神」攻擊夏威夷的故事，這是以橫山少校為範本，獅子文六所寫的小說《海軍》，曾經改編成電影，描寫年輕女性愛慕年輕海軍士官、並纏著士官不放的浪漫愛情故事。擔任「必死必中」武器搭乘員的我們，因為數月以後生死未明，而為了避免對留下來的人造成遺憾，所以對年輕女生需抱持堅定的拒絕心。但當時我們也才十多歲，雖然盡量壓抑、不動感情，但心中一處仍保留著一絲情愫。早上回來時，總會在佐世保火車站附近遇到一群身著深藍色衣褲的女子挺身隊員，她們別著寫上「決戰」字樣的紅太陽別針，容光煥發、儀態瀟灑且正氣凜然，十分美麗。

保養完軍刀、帶回旅館揮舞的吉岡，他的刀鋒不小心碰到了榻榻米，劃開一條十公分左右的裂縫，我們用坐墊遮起來趕緊一走了之，之後再也不敢造訪了，並改住一間名叫「天滿屋」的旅館。

第二次出來，是左半舷船員入湯上陸，在那個美麗的晚秋之日，我們聽到隔壁房間傳來之前在川棚魚雷艇訓練所分別時的隊友關與建部的聲音，湊到隔間的紙門旁、確認沒錯之後，想給他們一個驚喜，便：「唰！」地一聲拉開了隔間紙門。「喔！山本你還活著啊？」他們驚愕地說道。我則笑說：「才沒那麼容易死呢！」在他們的想像之中，我們已經沉到海底、變成龍宮公主的美食，還有更誇張的謠言說，我們已悲壯地被從這個世界除籍了。

（五）神風特攻隊的犧牲壯舉

又是全新的一個月，大概是十二月二日、三日之時。神風特攻隊「敷島隊」的壯舉公開，悲壯的英雄行徑受到瘋狂膜拜，讓人不禁熱血沸騰，彷彿想起十三世紀元朝攻來時捲起的神風（颱風）；然而，那僅是二十歲前後、前途光明的年輕人們捨己報國，因單純無欲、不懂害怕才做出的壯舉。進入川棚時，年輕的預官曾對我們說：「氣象裡的神風（颱風）絕不會再次颳起，而是你們的肉身將變成神風，化為挽回頹勢的契機。」

那時，因受到不分階級的同袍精神激勵，「必死必中」的決心愈加堅定了。雖然因為不能飛翔的絕望而懶散度日，但此一壯舉卻喚回了我們的決心。每天早上，外出隊員歸隊時，都渴望閱讀他們買回來的報紙，藉此關心神風特攻隊的消息，大家都想盡快成為他們的一員，還開玩笑說：「我要是去了靖國神社，應該是負責管餐桌的。」、「什麼？剛加入的菜鳥應該去掃廁所吧！」「這樣的話，掃廁所的應該是東鄉先生或山本元帥才對！」大家還為此笑得合不攏嘴。十二月四日，戰備物資裝補上船的工作逐漸完成，這次即將搭乘的，是大正九年出廠、二二五〇噸的「第一東洋丸」，是一艘要燒煤炭才能航行的舊船。

第一東洋丸（插畫：林家棟）

（六）與雙親會面

十二月五日，允許外出二十四小時。隊上的規矩是，若有人前來會面就允許外出一天，並允許入湯上陸的外宿。

山本一美請旅館打電話給大阪的叔叔，說隔天可以「外出」（作者按：「外出」暗指部隊即將出征，趁此向家人道別），請他們過來。隔天午後，叔叔、爸媽和最小（仍在襁褓中）的妹妹就這樣搭著火車衝來了。看到我抽菸又喝酒，他們起先嚇了一跳，但後來想想也覺得理所當然，就沒多說什麼了。那時候，菸的取得全為配給制，因為我要去臺灣，所以一個禮拜配給二十包左右，以後就不會有這種待遇了。在鄉下，人們常把樹葉、木瓜葉乾燥後當菸來抽。聊天結束前，我聽到叔叔問吉岡：「你們對死沒感覺嗎？」當時群情激昂的我們只覺得他的問題很無聊，而吉岡也與我同感似地回應道：「哈！死了就可以叫他們讓我當少尉了！」就這麼一句話輕輕帶過。叔叔的問題雖然是人之常情，但當時的我們對至親的愛卻被大義滅親（甚至不明白真正的大義為何）的思想取代了。

我們在天滿屋旅館又住了一天。晚上，因為叔叔要坐火車到北九州的門司，所以我去送行。寒風刺骨的十二月，市區安靜異常，燈火管制下的道路非常暗，只有自己的腳步聲迴盪著。隔天一早，爸媽也到門司去了，媽媽沒跟我話別，只詳細叮嚀我注意身體。一想到戰場上的任務，媽媽的叮囑大概頂多只能注意一下，但我想實際上應該無法做到吧，即使如此我還是當個乖孩子耐著性子聽完，畢竟接下來我得充滿體力保留到突擊的時刻才行。

（七）搭乘第一東洋丸，再次出征

十二月九日天剛亮，再次前往八幡神社參拜。

上個月下旬生病住院的石田弘道，很遺憾地留了下來。部隊長跟基地隊長已先搭機飛往臺灣。我們在下午三點登船，而這艘藤永田造船公司一九二〇年（大正九年）製造的老船，因載物繁多而更顯老舊，這次搭船的只有我們部隊，而我們也按慣例在總動員的送行中抬頭挺胸、讓出征壯舉的意念溢滿胸膛。

坐上等待中的拖曳船後，很快遠離了海岸，只見港口邊的人們揮帽揮舞；在指揮官都田中尉的命令下，我們也脫帽、揮舞回禮，岸上、海上彼此互祝順利，最後行禮，接著搭上二二五〇噸的第一東洋丸，再次航向臺灣。

十二月十日早上六點三十分起錨，在晨霧的另一頭，是隼鷹號航空母艦與日向號戰艦。擔任整備員的木村由加里應該在隼鷹號上吧，若在佐世保多待一天，或許有機會見面。想著想著，我們的船駛過了隼鷹號旁邊，兩艘船果然都很大，這裡除了驅逐艦外，沒有更大的船了。下午四點半，於三池再次下錨，停泊了一整天。這次因為船上只有我們部隊，所以相當輕鬆，但睡覺的地方一樣又窄又熱，不過，要是帶著毛毯到甲板上的卡車駕駛座上去睡，就是張相當不錯的床。在寒冷中裹著毛毯睡覺真的很舒服。

十二日，中畔飛曹因弄翻燈而燒傷臉，稍微波及了眉毛與頭髮，還因此引起一陣騷動。十三日，晚餐後有才藝表演，我們度過極為開心的一晚。十四日早上七點半起錨，並依得到的美軍潛水艇情資，暫泊於佐世保港外。十五日終於出港，並配置看守員嚴格監視美軍潛艇的動靜，搭乘員也在船橋緊盯信號，以防再次遭魚雷攻擊。

（八）九州外海甲板上，美味的罐頭紅豆飯

通過九州西北部時，海浪的聲音清晰可聞，大船則上下左右晃得很厲害。深夜航行到釜山南邊時，本州附近不時傳來美軍潛水艇的情資；從航海圖上的符號看來，船隊彷彿被包圍了一般。清晨七點時，我們暫停在朝鮮的珍島。從甲板上的平台看出去，冷風颼颼吹來，白雪妝點的半島山巒化為整片銀白的世界。

半夜偷偷撬開甲板上的紅豆罐頭，
加熱後格外美味。（插畫：林家棟）

看守員在晃動的航程中必須站著，晚上擔任看守真的非常辛苦。不僅得隨著海況搖擺，且得面對毫無遮蔽的海風直吹；抗衡船身晃動的同時還要與瞌睡蟲搏鬥。如果一不小心站著睡著了，應該就會噗通一聲、掉落寒冬的海裡，見上帝去了吧。

船艙內，五、六個隊員藉著玩投環或猜拳彈額頭來殺時間；運氣不好的人會被集中攻擊，還因額頭被彈得浮腫而掉下淚來。因為很冷，我跑去輪機室裡睡覺，睡在一樓半的網狀棚架上，還習慣了機器的震動聲。深夜看守的崗哨換班後，冷透的身體終於能夠躲進溫暖的被窩入睡，這也算是一種幸福了。這樣的生活，夜晚自有其樂趣，目標是：堆積在甲板上的糧食與罐頭，尤其在打聽到紅豆飯罐頭特別好吃後，便偷拿了一罐出來。偷偷撬開封在木箱裡的細長罐頭後，我拿到輪機室裡、距離煙囪最近的地方加熱，等水煮滾了之後，就有宵夜吃了。為此，我隨身攜帶開罐器，以便隨時飽餐一頓；冒著蒸氣的紅豆飯真的好好吃。

堆積如山的各式罐頭被帳篷蓋住，並綁了起來。當初被搬進船艙堆放時，大家就在一旁虎視眈眈，打算在航行時偷來吃。即便如此，帳篷卻沒變形，罐頭也只是慢慢消失在木箱裡，而主計科也一直沒有發覺，就這樣持續到了臺灣。由於大家都這麼做，於是原本裝滿罐頭的木箱，何時變成了空箱？又是何時被誰打開的？對此大家都心照不宣，果然年輕的胃袋就是元氣十足呢！

（九）浮動水雷的危機——終於通過黃海及臺灣海峽

十二月十七日清晨七點，起錨前往上海。隨著大船日益接近中國大陸，海水的顏色也變成土黃色，讓人不禁懷疑，這樣的海水是否還有鹹味。日清與日俄戰爭後，應有很多士兵渡過這片海域吧。到現在，士兵仍然繼續毫無停歇地渡海而來。

十八日下午三點，我們的船從揚子江沿著中國東邊的沿岸南下。稍早之前，我們的前一個船隊好像在附近被擊沉了。

十九日通過舟山群島。

二十日晚上八點時，海上風浪變強了，而船隊也僅剩我們這艘船。雖然有人輪班看守，但情況仍讓人擔心，然而船長仍然深信，通過臺灣海峽沒有問題。浪越來越高，風越來越強，天亮時看得見巍峨的臺灣高山。

二十一日早上，完全看不到別的船。此時，我們的船正從臺灣海峽西岸、應該是臺中附近的海面全力南下。然而，在值班看守僅剩半小時就要換班時，卻出現了個紅色、宛如生鏽大汽油桶的浮流機動水雷，漂浮在右方三十度、兩百公尺前方的海面上。船上的警備員準備以機槍爆破，我們則拿出機槍彈；但由於海浪很高，不可能命中這種小目標，隊上士官於是拒絕爆破。一段時間後，已看不到浮沉在波濤裡的水雷了。此時，在我們後方剛好有艘往外海前進的船，似乎正衝往水雷的方向，我們於是趕緊用手旗、汽笛的緊急信號告知他們；船隻在改變了航道之後，也送來「深深感謝」的回禮信號。

右邊的遠方，依稀可見浮在海上的澎湖島，往前再開一陣子，又遇到一個浮動水雷；光這一小時，海面上就有五、六個深紅色的生鏽浮動水雷隨著波浪上下漂浮。此處的氣候暖和，風也算輕柔，但海浪仍然很高；坐著的我抬頭想仰望天空，但視野所及卻僅見海水。頭稍微抬高一點，的確看得見天空，但要是偏向船身，就只會看到海水了。此處的海水顏色比深藍還深，十分接近黑色。我對出身三田山中的吉岡開玩笑地說：「用黑潮擦手，會越擦越黑喔！」他很驚訝地回我：「是這樣啊！」旁邊的人們聽了，莫不捧腹大笑。

（十）進入滿目瘡痍的高雄要塞港

十二月二十一日傍晚，因為後方有船隊出現，所以我們回到船隊的指揮之下。

二十二日清晨四點半左右，在高雄商港外下錨。近看臺灣南部的群山，樹木相當繁茂，海邊附近的民家則有許多枝幹細長的樹木，可能是椰子樹吧，五、六棵樹木枝葉稀疏地長在一起。南方島嶼的黎明特別早，天很快就濛濛亮了。接著，天色越來越紅，天全亮之後，可看的景物更多。下錨附近的海域，有兩、三艘僅露出船橋上端的沉船，或許是十月臺灣空戰時被炸沉的船隻。

早上七點起錨，向北航行約十公里後進入高雄要塞港（左營軍港）。要塞港看來是損失了兩個大油槽：眼前兩艘正冒著黑煙的運輸船，在靠在陸地的岸邊觸礁沉沒，因為觸礁地點靠近港口，所以阻礙了其他船隻的入港。我們的船從旁繞過去；甫進港內，中間是艘觸礁的貨物船，只見貨物船正熔接修補著船上的機槍彈痕，弄得金屬火花四射。要塞港內，隨處可見壞掉的破船：煙囪被炸壞的三千噸級船隻，稍微破損的四千噸級油槽船，破船、破船……，連驅逐艦也觸礁、停在港口最裡面。雖然只是冒著輕煙，但艦內零星的彈爆仍不時發出巨響。

那麼，繼續講關於十月臺灣空戰之後的故事吧。左營軍港也停泊著十多艘倖免於難、戰後才進入港內的驅逐艦、驅潛艦、海防艦等小型艦艇。這個軍港不像佐世保等內地軍港一樣是深入且被群山圍繞的天然軍港，而是寬廣、敞開的人工港。舉目所見，陸上的設備與建築物

1944 年（昭和 19 年）12 月 22 日早晨，薄部隊搭乘第一東洋丸進入高雄要塞港（左營軍港）。（插畫：林家棟）

遭到相當程度的轟炸與摧毀，而栗原、竹內部隊早就抵達了。有艘船艇靠近我們，歡迎我們平安抵達臺灣。

在這裡，逐漸能感受到惡戰與苦鬥的現實。然而，進入左營軍港的卻只有我們第一東洋丸，其他似乎都從高雄商港外繼續往南航行，出征菲律賓去了。根據後來的消息得知，這些船多半在途中沉沒；依戰局走向，抵達菲律賓的船，不知有幾人能回到國內？就這樣，命運之線在高雄港外將我們硬生生隔開。

大船靠岸後，部隊長與基地隊長前來慰勞我們，並恭喜我們平安抵達。「營舍就在那裡！」他們邊說邊指向右手邊，努力想告訴我們這裡環境有多好。約莫四十天沒見面的他們繼續說著：「明天起就要變忙了。」等歸隊的話。搭船十多天來，我們沒洗澡也沒刮鬍子。此時則因部隊長的好意得以先洗澡、剪頭髮，並由中本與辻村兩位一等水兵充當理髮師。久違的清爽後，主計科因為想大煮一頓、慶祝平安抵達臺灣而來到放罐頭的甲板，但卻因為罐頭都不見了而引起騷動。此時，因警備府估計二十三日會有大空襲，故命令我們暫停其他事項，盡力實施上陸作業。因被屢次提醒這次大空襲的嚴重性，加上前來幫忙我們上陸的和田與永井部隊也這麼認為，我們因此徹夜作業，但最後大空襲並沒有發生。

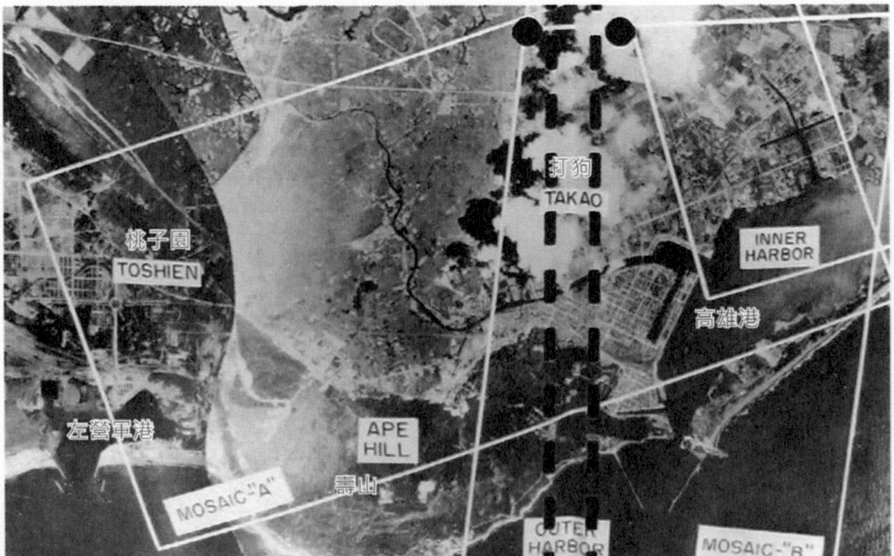

上陸作業進行時，每艘輸送船有兩、三名組員擔任工作人員，大家以組為單位開始作業。自十二月二十二日下午一點半起，一直忙到半夜，連幾名港務部的士官也過來幫忙。捲動機的聲音、汽笛聲、應和聲等各種雜音在甲板上交錯，顯得活力十足。南國的氣溫果然比較高，才一開始工作就滿身大汗。在往返輸送船與靠近格納壕隧道的岸邊數次之後已近黃昏，此時，海風吹拂著變熱的雙頰，實在非常舒服。輸送船自第一東洋丸的船上，接手運下來的食糧、彈藥、燃料、用具等，而各種物品就這樣，都一一搬下來了。

（十一）你是獵頭族嗎——對臺灣人的第一印象

山本一美原本以為，多數臺灣人都是高砂族。來到左營的他首次接觸臺灣人、因為感到極為新奇，所以特別在出征實錄的〈進入高雄要塞港〉文中有如下描寫：

在往返數次後，我跟開拖曳船的臺灣人黃宗柅有了說話的機會，這是我第一次接觸臺灣人。他的日語發音相當好，光聽腔調聽不出來是臺灣人。說起臺灣人，只會讓人想到阿里山上的高砂族，但居住在深山裡的是少數，我想今後出入城市的人會逐漸變多吧。聽說，多數臺灣人說起「本島人」時，會把很久以前從中國大陸過來的福建、廣東移民和深山裡的高砂族算在一起，這點讓我有了新的體認。第一眼看

右頁圖：

美軍 1944 年 2 月打狗地區（Takao Area）地圖。（資料來源：AFHRA 典藏，中央研究院 GIS 中心提供）

到他時，以為這就是教科書上寫過的獵頭族子孫，便在好奇心驅使下一直觀察對方，但聊開之後才知道他不是高砂族。道別時他告訴我，他住在港務部的宿舍，叫我去找他玩，不過之後就再也沒見面了。

第四章

薄部隊——左營紀事與終戰之後

chapter 4

一、戰時的左營紀事

根據隊員的回憶所繪製的第二十震洋隊營舍配置圖（左頁圖）。圖左朝北，有一條大溝；圖中分別是營舍、城牆、震洋神社與防空壕等的相對位置，南邊（圖右）則為竹內與栗原部隊。（圖片來源：《回想薄部隊》）

一九四四年（昭和十九年）十二月二十二日，在川棚結訓的五十名日本薄部隊搭乘員終於登陸左營軍港，並隨即進駐位於今舊城西門段的「秘密基地」，也就是後來《國軍檔案，日本海軍物資接收目錄》清冊中所稱的「埤子頭震洋隊」基地。薄部隊自一九四四年（昭和十九年）十二月二十二日到隔年九月上旬[17]，在左營舊城內秘密駐紮了約十個月。這十個月的記錄內容成了《回想薄部隊》回憶錄與舊城聯結的重要史料，大都由第二十震洋隊第一艇隊的搭乘員山本一美寫成。以下若無特別註明，文內的「我」為「山本一美」的自稱，「我們」則是「薄部隊」或「薄部隊的隊員」。

（一）登陸左營軍港，進駐埤子頭基地

一九四四年（昭和十九年）十二月二十二日抵達左營基地後，至今都在海上作業，沒有上陸。二十二日傍晚，著陸前往營舍：搭上貨車

隱藏在舊城果樹林中的埤子頭震洋隊基地（插畫：林家棟）

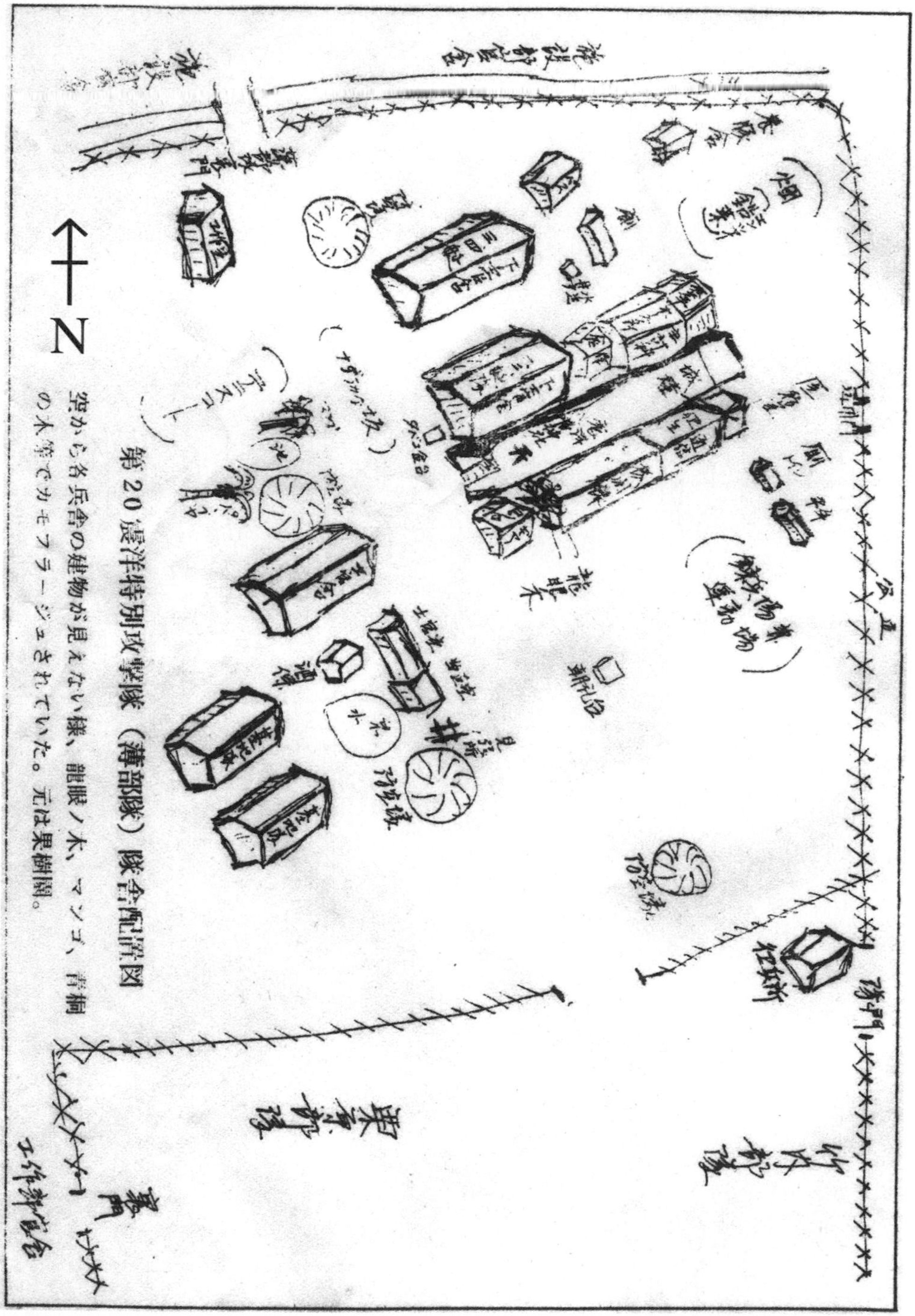

根據隊員的回憶所繪製的第20震洋隊營舍配置圖。圖左朝北，有一條大溝；圖中分別是營舍、城牆、震洋神社與防空壕等的相對位置，南邊（圖右）則為竹內與栗原部隊。（圖片來源：《回想薄部隊》）

出了碼頭後，柏油路兩旁種植的蘇鐵、椰子樹、棕櫚樹、檳榔樹等，果不其然為南方的風景。車行的這條道路，既平坦又寬闊，是飛機緊急迫降的戰備道路[18]。幾分鐘後，我們抵達了大大寫著「第一派遣隊」字樣的薄部隊駐地。位於樹叢中的營舍多已完工，但仍有數間施工中的營舍：已完工的是南邊一點的竹內與栗原部隊營舍[19]，未完工的為薄部隊的營舍。

第一艇隊搭乘員吉岡正夫在回憶錄中（頁一四五）寫道：

平安抵達高雄左營軍港後，我們為了防備空襲，在同為震洋隊之竹內與栗原部隊協助下，花了約一星期的時間，用台車徹夜把震洋艇移入壽山的格納壕隧道內。工作即將結束時，累到邊推台車邊打瞌睡的我們，竟能安穩地走在小河上的橋，沒有掉到鐵軌下的枕木之外。

整備班的隊員清原茂男也描述了抵達左營基地時的情景（頁一五八）：

抵達目的地高雄左營軍港時，因為看到有人在洗海水浴而嚇了一大跳。總算平安到達目的地了。上船以來，十三天都沒有踏在陸地上，如今大家都高興地跺著腳，感受腳踏實地的感覺。但此刻仍然不能放鬆，因為可能會被敵機發現，而且得盡快卸貨。經過兩天不眠不休、忘我地搶運後，終於在沒被敵機發現的情況下完成任務，但士兵們個個都累到說不出話來。我們運貨的地點，位於距軍港約一千六百公尺的壽山山腹，使用台車將貨物運入洞穴中。

東邊約三公里處，為隊員起居的營房，由薄木片搭成木板屋頂，並由竹片編成睡覺的矮床。為了不被敵機發現，營房設在芒果與龍眼樹下的隱蔽處，旁邊還有一個不小的廣場[20]，可供朝會之用。

十三天的航程中，大家都沒洗熱水澡，加上船艙內很悶熱、每天和衣而睡，因而惹上一身臭蟲，不只五、六隻躲在衣縫，而是滿滿的、來不及用手指捏死的臭蟲在千人針[21]上；因此大家都用石頭敲打布縫，並把毛毯放入大鍋裡煮沸。

山本一美回憶道（頁六五—九四）：

十二月二十四日下午，酒保發給每個人八根香蕉，當晚安然入睡。因為白天沒去過隊上的廁所，完全不知道廁所在哪裡；半夜內急醒來時，因為忍不到天亮又不便叫醒同僚，只好自個兒摸黑找廁所去。

由於睡眼惺忪、不辨咫尺，只能摸著牆壁前進，放開牆壁往前走沒幾步，又碰到像是營房的牆壁。究竟廁所的入口在哪裡呢？用手再摸索了數步之後，突然間身體一輕，就這樣掉入了坑穴之中。

每間震洋隊基地的小木屋約可容納二十名隊員起居，房內中間為走道。（插畫：林家棟）

一片黑暗中，眼冒金星的我恍若看到火光。我究竟掉進什麼坑裡呢？用手摸索，才知是約三尺左右的方形水泥坑。說自己眼冒金星絕非騙人，因為真的就像在一片漆黑中用打火機摩擦打火石，或用十字鎬敲打硬石頭後迸出的火花。從水泥坑出來後，不辨位置的我雖然循著氣味往前尋找，但因為營舍才剛蓋好，臭味不算明顯。最後終於懷著忐忑心情解放了。如今回想起當時的事，仍會不自覺地苦笑。

（二）整備營舍與格納壕

歷經十二月二十四、二十五日整整兩天的作業，二十六日終於舉行了慶祝船艇安抵臺灣的簡單儀式，但還沒做好戰鬥準備。不知敵人來自何方？船艇剛卸上陸地，仍未整備完成。意外的是，原以為全員還得花上一、兩個月用十字鎬鑿通山體，沒想到施設部早建好了用於隱藏船艇的壽山格納壕[22]隧道、軌道、船艇進出的通道、滑坡台及泛水裝置[23]。再者，原以為基地會設在杳無人煙之處以利秘密出擊，但竟設於高雄市西北方、港邊鋪設了鐵軌的壽山；通過洞窟隧道後，船艇的隱蔽近乎萬全，而設於軍港內的滑水軌道也已完備，可從此地出擊。運送震洋艇的台車為製糖工廠的搬運車，每輛都加裝了剎車裝置。在沒日沒夜的整備作業中，歲暮即將到來。

十二月二十八日，海兵團有勞軍表演，此刻終於可以再次呼吸自由

1944 年 12 月，薄部隊進駐舊城西門段城牆兩邊的秘密基地，並在馬道上蓋了「震洋神社」。（圖片來源：《回想薄部隊》）

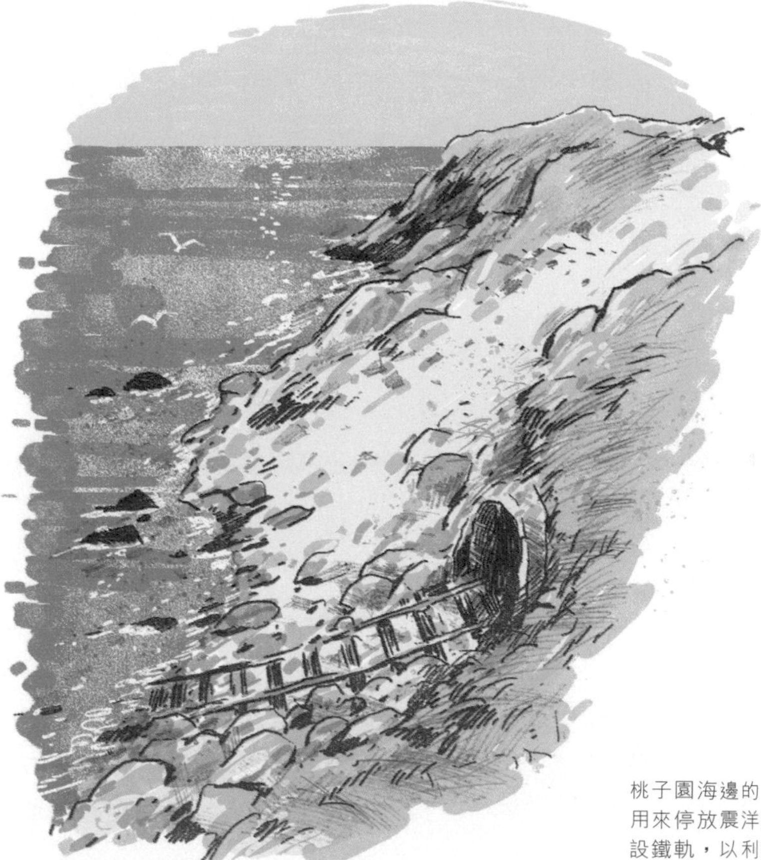

桃子園海邊的「格納壕」山洞用來停放震洋艇，並於內部鋪設鐵軌，以利震洋艇的進出。（插畫：林家棟）

的空氣。海兵團的營舍為磚瓦水泥加固，我們的營舍則全為木造，牆壁是薄木板，屋頂也是木板，很容易就被炸彈與高砲彈射穿。隱於果園內的營舍，四周全是龍眼樹和芒果樹，空曠處則種著填滿空隙的血桐等雜樹。若從空中鳥瞰下來，只能看見整片樹林。因為不曉得這些樹是刻意種植的，所以軍刀才剛到手，就拿來砍樹試刀，除了因此而被部隊長嚴厲斥責，更規定不准砍樹試刀，否則罰金十日圓，禁足一次。罰金倒無所謂，禁足則會讓人難受。前往海兵團觀賞表演的途中，首次遇到海軍護士，一身標準戰地黃色卡其服的她們，與內地的白衣天使的形象差太遠了。

在一九四四年（昭和十九年）年底，接近除夕的十二月二十九日，山本一美奉命擔任隧道的衛兵伍長。伍長共由山本博、小田敏夫、近田覺與四名士官擔任。一名士官帶領四名士兵，配置於壽山道路的一到四號隧道。一號隧道為燃料格納壕，二號隧道是竹內、栗原部隊的船艇格納壕，三號隧道仍在施工，四號隧道是薄部隊的船艇格納壕。隧道距離震洋艇下水使用的泛水裝置約兩百米遠。一號到四號隧道僅由兩名士兵負責看守，而船艇整備所與滑坡台則各配置一名看守的士兵。

薄部隊第三艇隊與薄隊長合影，背景為蓋在舊城樹林中的軍官舍。
（圖片來源：大賀誠治）

薄隊長與搭乘員、基地隊員們合影（圖片來源：大賀誠治）

身著戰鬥服、手握短刀的薄隊長英姿（圖片來源：大賀誠治）

薄隊長與第二十震洋隊的軍官幹部合影（圖片來源：大賀誠治）

(三) 部隊裡的歲暮及元旦遙拜式

十二月三十日，按習俗搗了麻糬。再過一日，即將過完這多災多難的一年。這一年的變動太大，首先從奈良海軍航空隊到川棚，接著從針尾海兵團到佐世保，再從佐世保出征臺灣。途中還遭遇美軍潛艇的攻擊，導致船艦受創、開回佐世保，並從佐世保重新出發、前往臺灣高雄。這段期間，神風特攻隊的前輩以機身撞擊美軍的船艦，但戰局的不利也接踵而來。人非神明，無法預知戰爭的結局，只能盡力、不放棄希望地祈求挽回頹勢，而成為神風特攻、震洋特攻、回天特攻的結局，則是以年輕人的鮮血染紅太平洋。

敵人的物力資源發揮強大的威力，在從塞班島[24]到天寧島的一連串攻勢後，他們控制了菲律賓並即將進逼沖繩。根據新聞報導，南海某島的洞窟壁上，有人以血書寫下：「吾以肉身築成太平洋的防波堤。」避免一機對一機的對戰，而採一機對一艦的衝撞戰法是最後的王牌。國民盼望著神風，我們身為軍人的卻不這麼想，唯有盡全力而已。盼望已久的神風終究沒有吹起，只得採取血肉之軀擊碎鋼鐵的戰法。神風某隊的前輩、同期，就這樣開著飛機，衝入了敵軍艦隊並命喪南海。歐洲的德意志似乎也是孤軍奮戰。國內，小磯內閣取代了如幕府般的東条內閣，實施軍政統一化，讓人預感前途多災多難。

迎接一九四五年（皇紀二六五〇年）的元旦時，我正好輪值第三班隧道的衛兵。一片漆黑中，周遭逐漸清晰，小鳥在冰涼的空氣裡開始鳴叫。外出遠眺東方，隱約可見朝陽自中央山脈冉冉升起，空氣含露、清新無比。很快地，起床號劃破清晨的寂靜。八點交班後返回營舍，喝完慶祝新年的屠蘇酒[25]後，九點參加遙拜式。此刻，全體著第一種軍裝、遙拜東北方向的宮城，恭祝聖壽繁榮並宣誓忠誠。中午聚餐時，部隊長以下全員到齊，高唱國歌君之代（君が代），高喊三次「聖壽萬歲」的口號，最後舉杯同乾。下午全體休假，因此到附近的設施部官舍遊玩，然而，我們的隊員卻與隔壁部隊的隊員在酒後發生衝突，引起一陣騷動。

（四）初次經歷美軍空襲左營港

一九四五年（昭和二十年）一月二日，船艇整備的工作繼續。三日起，美軍格魯曼戰機[26]不斷俯衝、攻擊港內的艦艇，導致金屬炸裂聲、機槍掃射聲不絕於耳。在機槍聲、炸裂聲與我方機槍的反擊聲中來到黃昏，四千噸的運油艦被炸了，以致火光四射，夜空都被照亮了。

四、五兩日，格魯曼戰機持續來襲。四日清晨五點半，部隊全員起床、進入戰備狀態，但什麼事都沒發生。不過，停泊於約一公里之外港的船隻卻遭遇攻擊，有艘海防艦被擊沉了。海王丸不知是挺不住攻擊，或覺得在港內沉沒會造成阻礙，便冒著煙逃向港外。昨夜被擊沉的美林丸，則退避至我方滑坡台附近的旗風號驅逐艦，以機槍、高角砲應戰，但仍遭到俯衝而下的敵機轟炸，冒起黑煙，並隨之燒了起來。空襲停止時，消防艇出動救援，驅逐艦上的搭乘員也竭力救火，但猛烈的火勢到了傍晚仍然沒有熄滅，還因此引爆彈藥庫。

相繼引爆的機槍彈與步槍彈一夜未歇，旗風號驅逐艦燃燒整夜後終於沉沒。後來聽說，旗風號驅逐艦是新銳驅逐艦，配置了最新的十二・四厘米高角砲。但如今，海面上僅剩司令塔上裝備的雷達和桅杆，真是太悲傷了。滑坡台的值班人員在海邊附近發現一具面目全非的士官屍體，並趕緊報告本隊。從其臂章可見，此人為旗風號驅逐艦的一等機關兵曹。九日起，美軍的大型轟炸機B-24[27]來襲，海軍醫院及第六燃燃料廠都遭到轟炸，隨著如同雨聲般的轟炸嘩嘩地結束之後，煙塵都飄到了半空中，如一朵巨大的積雨雲。

連日空襲下，雲縫間又見金屬的亮光，原來是雙

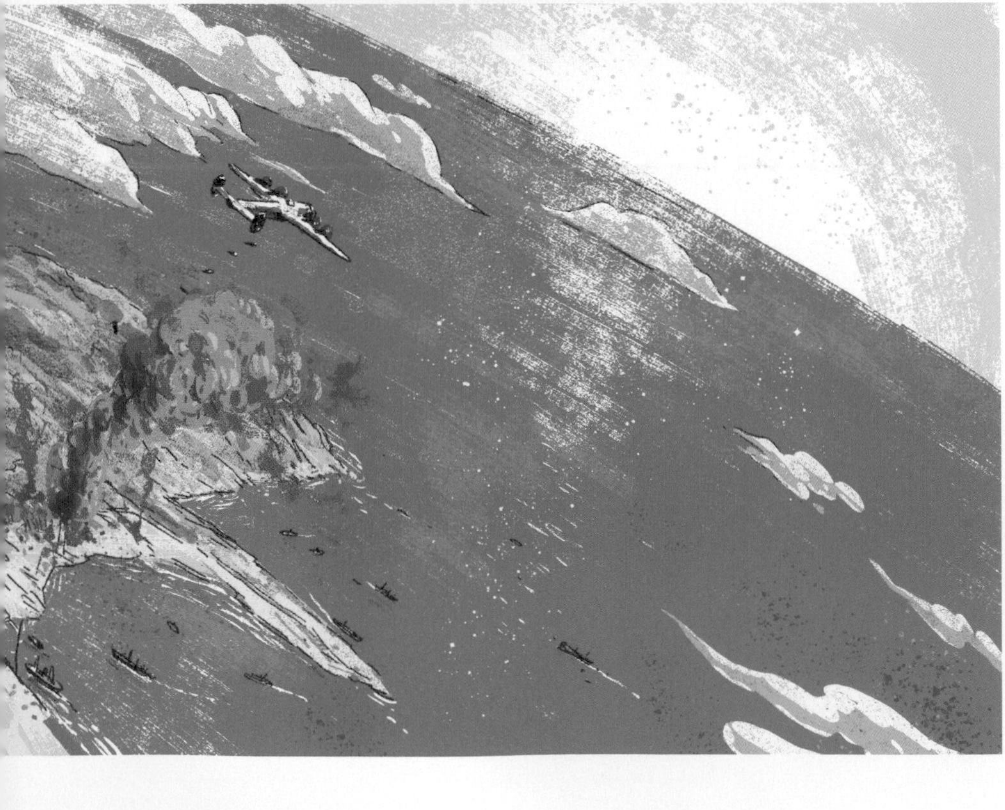

機身的P-38[28]一機當先，如輕盈的水母般下滑來襲。不久，B-24也挺著碩大的機身在約四千米的高空現身。以高角砲射擊來襲的美軍敵機，在空中炸裂開來，我因害怕破片而戴起鋼盔。一月十三日，全艇隊的海上整備好不容易，終於完成了。

(五) 與隊員同遊高雄市區

一月十四日起准許外出。但因半舷上陸，所以變成十五日。結果，又因情報得知下午一點有空襲而延後一小時。交通車送我們到高雄市區，那裡日本人很多。在港町市區的周遭，內地（日本）式建築的屋頂為水泥瓦及洋瓦等，建築樣式則多為鋼筋水泥洋風支那式、和洋折衷或和式等彼此混雜。高雄果然是南方的都市，在滿布灰塵的馬路兩旁，西瓜、香蕉就陳列於店面的木架上，而在燙腳的道路上來往的，幾乎都是軍用汽車。據說不到六月的雨季，此地都不會下雨。在沒鋪柏油的馬路上，處處是鬆軟的泥沙，鞋子一踩就會陷下去，行走十分不便。此處，椰子樹與檳榔樹四處高聳，散發著道地的南國風情。市區或郊區的房屋空地，常種植著兩到三

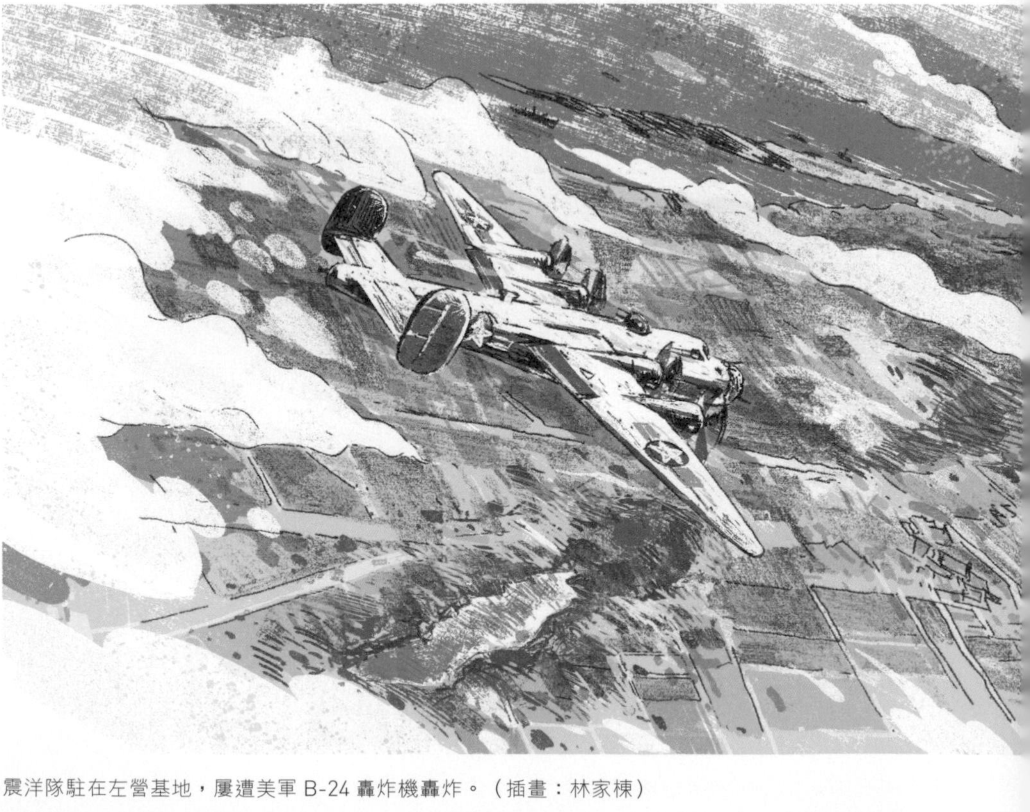

震洋隊駐在左營基地，屢遭美軍 B-24 轟炸機轟炸。（插畫：林家棟）

棵香蕉樹，但卻不見香蕉園。市區有數間日本人經營的百貨店及非常多間撞球店。店內滿是引誘客人上門的鶯聲燕語，連臺灣人計分員的日語都很流利，她們雖以豔抹的濃妝試圖掩飾黝黑的臉，但卻蓋不住粗糙的皮膚。

（六）左營港的「荒鷲砲台」

一月十七日又有空襲，此刻我們已經習慣了。因為戰鬥服的著裝很麻煩，因此乾脆不穿。飛機來襲時，由於我方地面的高射砲彈破片也很危險，所以大家都戴上鋼盔，躲進防空洞裡，但也不是全躲進去，而是露出頭觀察外面的狀況。砲台防砲並不會形成彈幕，只是瞄準射擊，子彈在敵機前方或上下左右處炸開，但離機身太遠，只迸出火光而已。這個砲台就是港邊的「荒鷲砲台」，起初因為完全打不中而被譏為「可笑砲台」。後來加上雷達監控後，擊中率提升，敵機才知難而退。

在一月到三月之間，因為完全沒打中，令人懊惱萬分。很不厚道的官舍人員，經常在荒鷲砲台的人們跑去官舍玩時對他們冷嘲熱諷。施設部的守衛長是退役的上等士官，愛說大話且盛氣凌人。他說：「那種打法當然打不中，你必須算準擊發秒數並形成彈幕，讓我來打的話，一定打得下來。現在的部隊到底在幹什麼？」之後，我跟千野隊的藤田上曹轉述這些話，上曹回說：「那人以前是軍火商，所以有用

初駐左營基地便遇美軍空襲的震洋隊員，趕緊躲入防空壕中。（插畫：林家棟）

不盡的砲彈吧。」又說：「海軍荒鷲砲台和旗風號驅逐艦一樣，都用十二・四厘米高砲，並以雷達監控發射，剛開始雖然不準，但假以時日就能打中吧。」

（七）日本海軍的「月光」戰鬥機

這兩三天都沒有空襲。一月二十一日，空襲再次到來。美軍飛機和往常一樣，每晚都有一、兩架飛機前來偵察。夜裡，即便用雷達監控也有點難擊中，地面打開探照燈後，敵機立刻逃往海上、脫離射擊圈。「月光機」是由一〇〇式司令部偵察機改造的海軍戰鬥機，原稱「司令部偵察機」，暱稱「新司偵」，略稱「一〇〇司偵」；盟軍代號「Dinah」，屬戰略偵察機，飛行高度可達四千公尺，速度可達每小時六百公里，曾追擊過敵機。關於「月光」，曾有傳聞如下：在Rabaul（拉寶兒，位於巴布亞紐幾內亞，新不列顛島東邊），曾有數架美軍B17飛機於夜間來襲，並遭到月光的迎頭痛擊；其戰法迥異於一般由上面或側面展開攻擊，而是快速緊咬敵機下方，以機槍往斜上方攻擊敵機防禦最弱的下腹部，此種戰法效果顯著。

每當看到月光咬住敵機下方時，大夥兒都在確認穩了之後，紛紛大喊：「加油！加油！」在探照燈照耀下，敵機和月光閃耀的白光清晰可見；在光線消失於海上以前，大家都為月光集氣、祈禱！

荒鷲砲臺觀測塔（攝影：郭吉清）

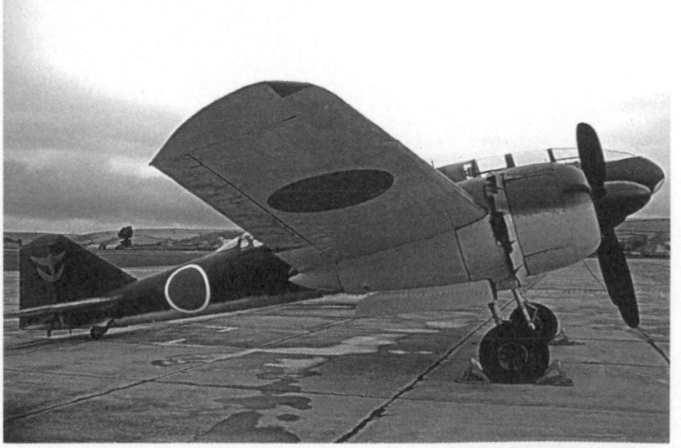

100 式司令部偵察機（圖片來源：高雄市舊城文化協會）

（八）在左營港進行海上訓練

高雄西北方的屏障為壽山（註：標高三五六公尺），海岸線山麓標高約八十公尺，不僅四處掘滿隧道，還有四支部隊，兩百艘震洋艇在此等待出擊機會。另於壽山沿岸海邊，也利用小隧道在木製台座上配備了無發射管的二式魚雷。甚至，陸軍也於山腹至山頂一帶構築了對敵陣地，利用壽山的自然條件形成要塞防線，並在美軍試圖登陸時給予致命的痛擊。

震洋練習艇的海上訓練，主要是依日照長度來實施薄暮訓練。接著是日落後的夜間訓練。出高雄要塞港（左營軍港）的瞬間，波濤洶湧，與平靜無波的大村灣大相逕庭。風急浪高時，常看不到前方的船艇，導致在左營港無法將在川棚訓練所與大村灣的實習中所學應用自如。比如判斷「轉舵回頭點」：當推進機右旋時，右轉舵在急速切入時，會馬上造成迴轉半徑的改變，使艇身極度右傾。因為吃水線淺與無耐波的特性，浪頭和海水便湧入艇中，造成積水。再者，當切入左轉舵時，迴轉半徑變大；空轉的推進器在風浪翻弄下就像被拖住腳，可能因而導致衝撞。實際經驗教導我們，浪高時，無論迴轉或反轉，操作船舵都需萬分小心。又如「測定方位

傍晚以後，震洋艇的海上訓練於焉展開：隊員們紛紛自埤子頭基地乘車前往三公里外的桃子園海邊。（插畫：林家棟）

角」時，當物體太小，距離就顯得遙遠，因而即使在晴天的晚上也難以判定物體的方向。

一九四五年（昭和二十年）三月，薄部隊實施五十艘震洋艇的綜合艇隊訓練。基地隊員自隧道內以台車拖出震洋艇，並於前往三公里外的要港作業時順便搭上台車。但抵達前，卻因台車剎車制動不良，導致停車與追撞，浪費許多時間；不幸地，我那艘位於台車架台處的震洋艇艇底在追撞的衝力下，撞出了約六十平方公分的大洞。在發現震洋艇船體三夾板的種種脆弱後，隊員們以三夾板重新黏合破損處，因此多花了三十分鐘，導致單軌台車阻塞、延誤更久了。

震洋艇浮上要港的水面後，各艇隊各自集結，展開全艇隊首度的海上訓練。接著，分成兩艇隊、各二十五艘震洋艇散開，以種種攻擊手法突擊假想敵艇。那艘破損艇雖已修補了表面的部分破損，卻在海水中造成阻力，導致速度變慢、並被後方的船艇超越，加上掌舵極易受海流橫向的影響，讓我開始感到暈船不舒服。之後，第二艇隊的二十五艘震洋艇留下來實施攻擊假想敵艦魚雷艇的夜間訓練。而那艘魚雷艇上，則有作戰指導部的視察官進行現場檢閱。

■御賜香菸

此次襲擊訓練之後，與川棚時期同一位的侍從武官前來巡視，但僅巡視基地設施，並在帶來的油桐木箱裝滿一包十支「御賜香菸」，讓收到的隊員們感激不已。這種「御賜香菸」，據說後期的同期生沒人收到過，似乎只有震洋特攻、回天特攻和神風特攻部隊才有。因為平常只有臺製的劣等香菸可抽，如今卻拿到與國產朝日味道相同的香菸，所以很快就抽完，不過大家也都留了一支以備出擊時享用。

（九）夜間攻擊訓練

完成艇隊訓練、襲擊訓練與巡視船艇的整備後不久，我們利用空襲空檔展開夜間訓練。在要港北岸與海兵團西北側，有個停泊練習艇的船渠[29]位於沙灘後面。三個部隊常有約十艘震洋艇繫泊於此，並由四輪驅動車與貨車載送輪流看守的衛兵往返隊部營舍與船渠。每個艇隊實施夜間訓練時，舷側發出的閃光相當好看。夜間訓練時，船上三人輪流操縱船艇。出港後，來到壽山前的海面上，但因海峽海戰與後來

的空襲，此處散落許多運輸船與艦艇的殘骸，得格外小心。為此，白天得先勘查殘骸的位置，以免發生震洋艇碰撞、破損的意外。另外，還得格外注意港口附近仍冒著裊裊黑煙、導致港口變窄的沉沒輸送船。

不過某種程度上，這艘沉船在回港時也成了一個標的物。港口附近，還有非值班的船員，以打開的手電筒做為目標。此處外海的波浪甚大，若於頂浪行駛時開太快，艇首就會衝進波濤裡；因而必須降速，這是與九州內海的大村灣最大的不同處。在船艇的整備完成後不久，我們在港內進行實際的震洋艇試俥（編按：「俥」是船上動力機器之簡稱），開到了三十節約每小時五十五公里的速度，但在外海恐怕開不到這個速度，所以航行訓練沒多久就回港了。

臺灣雖為日本南方的島嶼，但一月的夜晚海面仍相當低溫；飛行衣在海浪中濕透了，大夥兒在回營的卡車上合唱著軍歌，而沒開大燈的車就在黑暗中前行。擔任司機的上等兵在往返訓練船渠與隊部時，有時會因失誤而衝出道路、開進田裡。雖未造成大傷害，但也成為茶餘飯後的笑料。其他艇隊也發生過類似的

震洋艇的夜間攻擊編隊訓練（插畫：林家棟）

事。回部隊時晚餐已經煮好了，記得每個月約有兩次這樣的訓練。

訓練漸上軌道後，有一次，特別根據地隊的司令親自前來視察海上襲擊訓練，並以司令以下的軍官、幹部搭乘之魚雷艇為假想的攻擊目標。我們聽令手握雙筒望遠鏡的部隊長兼指揮官，依照下達的大致方向，在後緊盯，全速追蹤；但海面非常暗，且因為得和前艇保持距離，故循著前艇白色尾浪的航跡而行，並以手電筒發出約定的突擊信號展開行動。

前方目標艇曚矓可見，還因其突然改變航向、差點發生追撞事故。不過即使轉舵了，也很難迴轉，只好先降速，並因而激起驚險的浪花。幸好，我們在距目標艇十餘公尺處與其擦身而過；轉瞬間，彷彿聽得到人聲。這次操演，從隧道搬出震洋艇、下水進行綜合訓練，但沒有安置真正出擊時才裝上的兩百五十公斤、裝有雷管與引信的炸藥箱。一想到炸藥箱被撞擊的光景便讓人不寒而慄；這一天的襲擊訓練，獲得良好的評語。

（十）「緊急集合」烏龍事件

緊急集合是在高雄市遭遇大空襲、發生火災之前的事。三、四月時，我們按照往例，搭乘從營舍開往左營的接駁卡車前往高雄市區。在海軍傳統之下，我們幹活時認真幹活，訓練時就像屁股著火般猛烈訓練；該玩樂時也放心去玩，大口喝酒、高唱軍歌，因為當時都喝烈酒，所以養成了豪飲一升酒的酒量。

但就在大家酒酣耳熱時，一輛發出刺耳、尖銳鳴笛的車輛疾駛而過，這是什麼信號呢？當大夥兒對此深感疑惑時，聽到其他部隊的資深士官說：「這是緊急集合的喇叭聲，遲到者會遭到嚴厲處罰！」大家於是立馬趕往海軍軍需部前，搭上待命已久的卡車歸營。當時渾身忐忑，體內熱血沸騰，並心想：終於要出擊了吧？

我們在奈良海軍航空隊學到「緊急集合」一詞，今天終於第一次遇到，而遲到者將移送軍法會議受審。然而，當我們回到隊上、準備出擊時才知道，因為誤將駛於巴士海峽迷霧中的運輸船隊誤認成敵方的機動部隊，造成了誤報。雖然心想，罷了罷了；但也因而了解到，一個小疏忽就會鑄成無法挽回的大錯。此後便和戰友們誓言：日夜不可鬆懈。但此刻，包括航空母艦在內的美國大型機動艦隊正避開臺灣、從菲律賓開往沖繩，而我們竟對此一無所知。

（十一）美軍船艦以圓木和寬幅網防襲

某日，部隊長談及菲律賓的戰況與我方的攻擊方法。在菲律賓雷伊泰灣海戰中，敵人起先沒有注意到特攻艇（編按：回憶錄原文中提到特攻艇為陸軍㋹及海軍㊃）[30]的存在，導致他們在黑夜中遭到我方的突擊而重創。為防止船艦遭突擊，美軍以在船艦四周散布圓木，讓魚雷打中圓木就爆炸，而不會直接命中己方船艦的戰法來因應。另一個戰法則是在船舷側邊垂吊網子作為緩衝，以防特攻艇衝撞艦身而爆炸。美方所用的網子是我方登陸時，為縮短眾多士兵登陸時間而慣用的那種寬幅較大的網。看來他們的對策的確是經過深思熟慮。

然而，他們料想不到的是，我們老早就使用固定舵後跳入海中，並以每小隊四艘艇為一個攻擊單位：第一艇若失敗，第二艇會再次進攻，所以若第一艇撞到圓木，第二艇就可越過圓木，接著第三、四艇便會衝到敵艦附近的海面，然後不慌不忙地暗自接近，並於接近敵人船舷時，按下炸藥開關、完成任務。大家一致同意隨機應變、突擊成功，但夜間視線不良，且出任務時情況急迫，所以勢必得冷靜應對。

（十二）蛟龍潛艇隊

薄部隊長在海軍兵學校時同期的後藤中尉經常到訪我們營區，所以晚上不乏交談機會。海軍在左營基地配備了一艘（作者按：國軍檔案紀錄為三艘）蛟龍[31]，並由後藤中尉擔任艇長，這是個僅有數名隊員的小部隊。令擁有眾多年輕搭乘員的部隊長非常羨慕，而在對話過程中，才發現原

高雄海軍警備隊配備的三艘蛟龍潛艇（圖片來源：《寫真集：人間兵器》）

高雄海軍蛟龍潛艇隊隊長後藤中尉（圖片來源：大賀誠治）

來後藤中尉也是特攻隊員。我們常在實施夜間出航訓練或返航時遇到。當然，蛟龍只是露出船橋，安靜地航於夜晚的海上。戰後，我曾趁著蛟龍移置陸地時進去偷看。當時，因為甲板上的艙門開著而得以任意進出。記得狹窄的艦艇內滿是稀硫酸的味道，混合引擎的機油味，長時間待在裡頭肯定不好受。加上在強烈的陽光照射之下，艙內的溫度肯定更高。但在海水包覆下多少會降溫，且氣味應該也不會那麼嗆吧！

（十三）在海軍紀念日舉辦角力大賽

一九四五年五月二十七日是海軍紀念日，竹內、栗原、薄部隊三個部隊，在這天舉辦了相撲。

對抗大會的比賽地點位於部隊駐地的朝會廣場[32]。為此，還做了個臨時「土俵」。選手們約一個月前就開始勤奮猛練。擔任隊長的電信科桐谷士官，約年長大家兩歲，寬肩虎背、萬能型的他技術精湛，傳言將與栗原部隊的某兵長（介於士官長與上等兵之間的階級）爭奪優勝。

比賽隊伍由安井、森山矢飼、山本、中塚、明石、船野、岩井原、阿部、荒野以及我共十名搭乘員，桐谷兵曹、小島機曹及大丸、山路、定仙、田中，一名出身高山族的一等兵，及其餘一名，共十八名機關

海軍紀念日角力大賽全體選手合影（圖片來源：大賀誠治）

1945 年 5 月 27 日，海軍紀念日角力大賽的會場，埤子頭營區做了個臨時「土俵」。
（插畫：林家棟）

科、基地隊的隊員組成。這次比賽分為：團體戰、個人戰及五人淘汰賽。毫無意外地，個人戰由桐谷兵曹奪冠。團體戰時，薄部隊也因為有桐谷兵曹的活躍而獲勝。

（十四）七英靈的最後

薄部隊在一九四五年（昭和二十年）六月十日晚間進行夜間訓練時，因海面揚起風速三十公尺的巨浪，導致七名隊員失蹤、損失慘重。原武雄在回憶錄中（頁九五—一四九、二六五—二七〇）寫道：

一九四五年（昭和二十年）六月十日，年長且具領導力的廣井飛曹傳達「今晚進行夜間訓練」的命令。當時發燒、身體略為不適的我，本來想前往醫務室，但卻先接到參加訓練。對我來說，因為這點發燒就推脫訓練的人，根本沒有擔任特攻隊員的資格，因而毅然決然地參加訓練。在訓練開始時佐藤艇隊長下達假想狀況指令：「目前正開往高雄要塞港的敵方船隊正位於約五公里外，第二艇隊應對其展開衝撞船體的特攻。狀況：在穿過敵方機槍的齊射後，斷然衝向砲塔正下方的彈藥庫船體，並將其炸沉！」接著，進入訓練模式。

自船渠搭乘船艇，出港前往外海約四、五公里的海面時，編隊以十節的速度前進，此時浪約一．五至二公尺高，但浪頭已呈白色。領先

1945年5月27日，海軍紀念日的角力大賽會場。背景可見龜山與半屏山。（圖片來源：大賀誠治）

的一、二號艇並不把此當一回事，仍與垂直波浪一同全速衝刺。平常的天色雖然暗，但仍可見白色的航跡，然而，這天因為風浪突然變高，完全看不到艇影和航跡。在前方數百公尺外的大浪中，我看見忽隱忽現的發光信號，按正常狀況應為：「。。。。。。。」（突擊！）的指揮信號。但此時竟傳來：「—。———」（引擎故障）的信號。我們直覺得趕緊前往救援，於是便飛快往信號的方向開去。不久後，右前方也傳來：「—。———」的信號。我們直覺，兩艘船都故障了，因而決定趕赴現場。不料，前方約五、六公尺高的大浪正以近垂直之勢，從上方覆蓋下來。若往前衝，可能會被大浪吞噬，或造成船艇翻覆，於是便立即將舵右轉、斜切出去，並對下一個浪頭也如法炮製。但如此一來，船艇在大浪衝擊下，方向將會大亂。於是，我們在接著大浪之後的小浪，將舵左轉、往波浪上方衝去。此時望向前方，發現剛才仍可見的發光信號，如今都看不到了。在黑暗的海面上，強風的推波助瀾下，浪頭的白色飛沫漫成一片白茫茫的洶湧波濤，實在非筆墨能形容。此時，我們覺得，失蹤的友艇若非已因引擎故障而漂流海上，便已翻覆沉沒於大浪之中。

艇員們雖然這麼想，但仍極目四望，然而浪大風急，我們甚至無法判斷本艇的方位。因為想衝出海面看看，於是趁著一波大浪過來時，採取「面舵」將舵右轉，而在小艇衝上波頂時，我望向右後方，並在不到一百公尺外的海浪中，發現有艘友艇對本艇發出「—。———」

（引擎故障）的信號。雖然在意海面，但仍在瞬間斷然決定，對較近者施救，於是以「面舵」大力地將舵右轉，右迴旋轉至故障艇後方，並以右舷連接對方左舷，然後大叫：「放下避碰墊，繫住兩艇！」不愧是搭乘員，不負所託，明白我的意圖，因此跳到我艇、垂下碰墊，用以繫纜綑住兩艇的金屬繫柱。之後，救起了六名生還者。一艘小艇因為搭載六名組員，重心提高，儘管趕在頂著近乎垂直的波濤時向前衝，但顯然地，這麼做不是導致引擎熄火，就是造成全艇被巨浪吞噬，全體搭乘員因而喪命。

接著，有人高喊：「駕駛換人！」因發燒而體虛的我，立刻將舵交給別人駕駛。不知誰又大喊著：「那邊隱約看得到壽山！」「港口在這邊！」於是立刻採取左滿舵，走上返航的航道。我道聲：「戰友永別了！」但返航途中的那種悲痛，半世紀後仍難以忘懷，每當憶起這段往事，心中仍一陣沉痛。不久後巨浪來了，被頂到浪尖的我們看向前方時，就像從二樓屋頂往下看，這番場景如今仍然忘不了。從接船到替換駕駛，到轉變為返港的航線等一連串作為，都直接面對死亡，而且必須在極短的時間內做出反應。千鈞一髮之際，幸虧浪已變小，我們才得以死裡逃生。

順風到破浪前行之際，不知誰又喊道：「就是那個地方！」接著，由於在大家認為是岸邊的地點看到：因浪打上岸而激起的白色飛沫，

1945 年 6 月 10 日晚上，薄部隊在左營外海的夜間訓練，因海上巨浪，七名隊員翻船失蹤，以「戰死」賜褒。（插畫：林家棟）

而得以確認：左方為要港的小入口。自船艇後方不斷衝來的白色巨浪，使緊繫的兩艘船艇碰撞、摩擦不斷，所幸船艇沒有翻覆，最後平安駛入無浪的港內。

上岸後，回首海上的漫天巨浪，心想：終於平安回來了。在這種海況下，即使是對游泳有相當自信的人，也很難撐過幾十秒吧！生還者全體上岸後不久，強風吹來，大家連站都站不穩，因而彎下腰來，抓住碼頭上的大纜繩，等強風過去。因為沒有風速計，無法測得確實風速，但感覺瞬間風速應高達三十公尺。

回部隊後，營舍安然無風。海上、陸上的風力相差如此之大，加上營舍又在壽山後面，更顯平靜。回到營房時，剛放下一顆心；但因發了高燒，便把額頭貼在洗臉台上，當洗臉台也變熱時，換把菸灰缸放在額頭上，並兩者交替著使用。但燒終究沒有退，導致我心想：會不會就這樣死去了。趕往醫務室治療後，經確診感染了「瘧疾」，最後注射退燒針、服用了硫酸奎寧後回房休息；之後，林崎看護兵曹與看護科的同仁都不時來照顧我。

翌日傍晚，阿部安南飛曹來慰問我時，我向他問起搜救情況。他說毫無頭緒，只能不斷祈求奇蹟出現。然而，在斷絕了最後一絲希望後，僅能在失望之餘，雙手合十禱告。總之，自然的威猛力量讓人力顯得微不足道。僅有的一艘小艇，當然不可能搭救全體隊員；而在狂風怒濤中無私無我，發揮所知所能，一心想救起遇難的戰友，並進而救起一半的隊員也算奇蹟，且無疑為天佑神助。

當時的情勢為，海、空控制權全操於敵方手中。因此艇隊在夜間訓練中，發出的發光信號，常遭到敵方偵察機的機槍掃射；而我在過去幾次夜間訓練中，也曾聽過左舷約兩公尺的海面發出了「咻咻」聲，見到前方濺起數丈飛沫，我趕緊緊急煞車，以消除白色的泡沫航跡。仰望漆黑的夜空，僅見偵察機機影低空飛過。

當夜出事之前，我曾想過：會被空中警戒中的敵機打死吧！無論如何，戰況不利我方，但身為日本男兒、帝國海軍，身為挽救國難、志願加入視死如歸的特別攻擊隊，我們仍抱著擊沉敵艦的神聖信念，日夜勤奮訓練。當晚，也是在假想敵艦的狀況下無懼於惡劣天候，實施衝撞訓練。這幾位不幸將年輕生命奉獻給國家的戰友，真是「忠與勇的化身」，戰死者[33]為：

第二艇隊長，海軍少尉，佐藤寅吉，茨城縣人。
搭乘員，海軍上等飛行兵曹，廣井功，大阪府人。
搭乘員，海軍上等飛行兵曹，井出勘次郎，和歌山縣人。
搭乘員，海軍上等飛行兵曹，森田榮，鳥取縣人。

搭乘員，海軍上等飛行兵曹，田島洋二，大阪府人。
搭乘員，海軍上等飛行兵曹，知久馬勇，鳥取縣人。
搭乘員，海軍一等機關兵曹，小川宗夫，靜岡縣人。

我們對以上七名凋零於臺灣海峽的護國英靈，嚴肅地祈禱往生者安息！

（十五）一無所獲的失蹤搜索

山本一美在回憶錄中繼續寫道：

七名隊員失蹤當晚，部隊不顧夜已深，仍出動救難隊，對沿海岸沙灘地帶展開搜索，雖然抱著一絲希望，最後仍然落空了，還因此度過不安且難過的一夜。翌日清晨，部隊長、中山、我（山本）與另二、三名隊員，駕著五十噸的拖船出港，往壽山海面搜尋。但此時，颱風餘威衝擊著山壁，激起數公尺高的白浪。外行人看來，可能認為沒有不能出港的道理，且部隊長拚命說服我們，要想盡辦法出港。資深艇長則認為，勉強出港可能導致二次遇難。隊員們抱著不服輸的心情，沿著壽山海岸線徒步尋找，並趁空襲的空檔，展開為期數日的陸、空搜索，但仍無所獲。最後只好停止搜救，以陣亡處理。這次事件，雖然在友隊支援下盡力搜救，但一片遺留物都找不到，這著實不可思議，

但也沒辦法。不過，倒是在壽山岸邊與離岸較近的地方，發現了魚雷的簡單發射裝置[34]。這種攻擊美軍船隻的魚雷發射裝置，其偽裝隱藏幾乎可說是無懈可擊。

陣亡的廣井與井出擅長棒球，自學生時代就是棒球隊員，他們在薄部隊與竹內、栗原部隊打對抗賽時表現優異。田島巧於雕刻，那尊被留下身著飛行裝的木雕合掌佛像面容十分安詳。知久馬勇是個淘氣小鬼般的白皙少年。戰後數年，我前往他位在三朝溫泉附近的老家裡與他母親見面。他們五兄弟之中，次男及身為小弟知久馬勇陣亡沙場。他母親對我說：「阿勇健在的話，應該和你一樣，會是個好男人吧！」聽聞此言的我百感交集，一時之間說不出話來。森田是個好孩子，外表看似溫順，內心卻十分堅強。在訪問知久馬勇家裡十多年後，我也訪問位於米子市附近、淀江町的森田家，那時他的母親已經亡故，唯一的親弟弟繼承家業，孫子才剛誕生。我與小川兵曹較無交情，從機關兵升上士官的他，面容白皙和藹，就像個大哥，為靜岡縣人。隔壁二艇隊的房間突然顯得異常寬敞，尤其搭乘員的房間：入夜後，床上的主人都沒有回來。晚餐時，只剩零零星星的一些人，連隔壁床的戰友也成了不歸客。這種失落感著實讓人受不了。此刻，大家都已覺悟到，明天回不來的也許就是自己，因而只能勇敢克服這種心情，繼續勇往直前。

左右頁圖：日本九州的「特攻殉國之碑」上，刻有戰死的七名第二十震洋隊隊員姓名。（圖片來源：《回想薄部隊》）

（十六）與佐藤少尉罰跑的回憶

山本一美與在夜間訓練時和過世的二艇隊佐藤艇隊長是好朋友，他在回憶錄寫道：

佐藤艇隊長因為陣亡而晉升少尉。記得每次配給戰地酒時，每個艇隊都很熱鬧，有一次因為沒酒了，為了排遣無聊，我在正要出門前往浴室時，瞄了二艇隊的內部一眼，此時有人對我出聲道：「怎麼回事？你們怎麼那麼安靜？」他大概將我誤認為他所轄的二艇隊隊員，我回說：「我們已經沒酒了。」他說：「叫你們勤務兵來，我把我的份給你們。」我回道：「香菸也沒了。」他再接著說：「我馬上叫勤務兵M拿一箱啤酒和香菸過去。」於是，隊上又再度熱鬧起來。

其他艇隊的搭乘員約莫也聞到了香氣，有好幾個人都跑來分享。翌晨，部隊長嚴厲斥責說，我們打擾到附近施設部宿舍的成員，並處罰全體人員從後門開始，沿著警備隊到「櫻壽司」[35]店的這條路，跑到格納壕隧道後再跑回來。嬉鬧到最晚的是一艇隊，其他艇隊僅有數人而已，但結果卻是全體受罰。罰跑的距離約四公里，這在奈良海軍航空隊時早就鍛鍊過了，所以大家並不以此為苦。令人吃驚的是，佐藤艇隊長也跟我們一起跑，或許是自認也有責任吧。年約三十歲出頭的他，平常也沒太多跑步的機會，但卻願意以身作則。

後來不知過了多久，忘記因為什麼事，惹得前任長官都田不悅，導致我們再次被罰跑。然而，這次是赤腳跑；原本想說炎炎夏日中，臺灣人都赤腳走路，所以應該不算什麼大問題，但這對內地的日本人來說就太勉強了，腳底也因為被燙得起水泡，而痛到受不了。有人說，塗醬油會好，全部的人馬上去塗了醬油，結果反而變成另一種燙傷，痛得大夥兒哇哇叫，腫得連鞋子都不能穿。仔細一想就知道，是擦醬油惹的禍。儘管如此，臺灣人的腳底真可說是得天獨厚，強韌無比。

我曾在擔任營區正門衛兵伍長時，看見一位身穿洋裝，足蹬高跟鞋的臺灣妙齡女子，前來面會正在當兵的弟弟。面會完後，那女子出了隊門，走一段路後，就脫下鞋子、將鞋放入袋子，然後赤腳走回去。這番情景嚇了我一跳，但應該是鞋子的束縛感讓人沒辦法好好走路吧，但卻為了弟弟的面子，不得不忍受一下。

（十七）晦暗的最後一夜

四艇隊的搭乘員向井忠男，與夜間訓練時失蹤的知久馬勇飛曹是同進同出的好友，他對好友的早逝哀痛無比，並在回憶錄中寫道：

這天的夜間訓練，原本排定由我們四艇隊上場，但因某項不明因素，

山本一美回憶：與佐藤少尉被罰跑步時，他們一路跑到桃子園櫻壽司才折返。（插畫：林家棟）

最後與二艇隊調換。二艇隊之中，有我的同鄉知久馬勇飛曹，他是與我同進退的好友。六月十日傍晚，穿妥飛行服後，我在昏暗的營房裡獨自佇立沉思，並吸著菸。迷濛中，不知誰出聲了、好似在對我說：「辛苦了！」我下意識點頭答道：「哪裡。」接著，外頭傳來輪值衛兵連續的叫喊：「五分鐘後，搭乘員集合！」不一會兒，我聽到一個萎靡的聲音說道：「那就走吧！」那身影說畢，便消失在黑暗裡。回想起來，只覺得那個身影很模糊，但卻有誰知，這竟是與同鄉好友知久馬勇相處的最後一幕。整理知久馬勇遺物時，所有內務乾淨整潔，沒一件髒的，這著實令人感動，讓人重新審視他的人品，實在令我深感敬佩。

只記得當天一早，天氣晴朗，但臺灣海峽的氣候變化極劇，夜半時，風雨剛好增強。訓練中的搭乘員多在海上乘風破浪，震洋艇彼此之間，則頻繁地以發光信號互相聯絡、合作，這是在高雄壽山要塞的陸軍觀測所確認的；但這種發光信號燈的亮度，卻會洩漏震洋艇的行蹤，導致其成為 B-24 夜間偵察機攻擊的目標。我們四艇隊曾因在夜間訓練中，忘記關掉艇內的小燈泡，而遭到敵機的近距離掃射。我們的任務是穿過敵方掃射後，固定船體確認目標後跳入海裡求生。但最終還是出現了七位戰士的犧牲。自這天起，全臺灣進入雨季，海岸線的波浪甚高，連日搜索也毫無結果，最終不得不放棄。在那之後，五十五年來的每年忌日，我都未曾間斷地前往護國神社參拜，以告慰七名戰友的亡靈。戰友當時遇難的情景，我至今終生難忘。

在一九四八年（昭和二十三年）的法會上，今已亡故的知久馬勇母親，替兒子知久馬勇領取了「動八等」的獎章，並讓我看了知久馬勇的遺物，因為那是我幫忙整理的遺物，印象格外深刻。遺物盒內，還完整保存了有集體簽名留言的「日章旗」[36]。此時我心想：「你終於回到母親的懷裡。」那種失落感深深打動了我。我深知，當媽媽的人，當然想知道兒子為何戰死？但當時的我，不知道事情的真相，且遇難結果也未確認，所以只以戰死公報的內容告訴她。

（十八）美軍大轟炸

四艇隊的搭乘員向井忠男，對一九四五年（昭和二十年）三月間，左營基地遭美機轟炸的事情記憶深刻，他在回憶錄中寫道：

臺灣海域空戰以來，敵方艦載機及B-29轟炸機，以聯合空襲的方式展開地毯式轟炸，導致高雄市區及郊區的主要設施不斷遭到攻擊，高雄港內，被炸沉的艦艇尤其淒慘，僅剩桅杆與煙囪露出水面，而這種慘狀，也激起高昂的鬥志。一九四五年（昭和二十年）三月中旬，一個與驅逐艦、驅潛艦一同入港的運輸船隊，遭到在一旁守株待兔的敵方艦載機襲擊，我方陸上陣地與全體艦艇的防空砲火立即對其強烈反

美軍第五航空隊出動四個 B-24 轟炸大隊，1945 年 5 月 11 日轟炸左營軍港。
（資料來源：AFHRA 典藏，中央研究院 GIS 中心提供）

擊。原本停泊港外的船隊立刻四散。然而，勇猛果敢的敵機雖然屢遭擊落，卻一再重複波狀攻擊，好似不將我方船艦全部擊沉便絕不罷手一般。同樣的情況也發生在前往菲律賓的運輸船隊上。從臺灣海峽到巴士海峽的本國船隻，因為遭到敵方戰機與潛水艇的聯合攻擊，抵達目的地者不超過十分之一。

另外山本一美也在回憶錄中提到：

某日，左營要港突然遭逢空襲，忘記是北美航空的B-25或團結公司的B-24。那天我們正好在壽山山腹，而對方的目標是驅潛艇和工廠。港內除了十數艘驅潛艇與一艘海防艦外，其餘都是港內的工作船。即使如此，敵方仍以十多架飛機編成隊，發動四波攻擊；從山上看過去，西北雨般猛烈的炸彈邊自港外揚起水柱，邊逼近驅潛艇；中彈的驅潛艇不是因爆炸而翻船，就是直接被擊沉。

另一方面，工廠工人為了避難而拚命逃跑，但那種速度大概來不及逃命吧。人早在山上的我們相當著急，但遠水救不了近火。眼看被炸的人與水柱混雜一起，成了煙塵灰飛煙滅，接下來，輪到建築物遭受攻擊。

突然間，火柱沖天燃起。發現是震洋艇的火藥箱中彈爆炸後，我心想：攻擊敵艦時，有這種威力應該就夠了，心中還因而生出了某種不

可思議的滿足感，而火柱也的確非常壯觀。建築物如落葉、粉塵般輕易地吹散崩解，更遑論人的肉身。第一波轟炸過後，又有其他編隊來襲；第二波結束後，周遭似乎已沒有值得轟炸的目標了，但下一波轟炸馬上又來。第三波轟炸結束後，周圍已是一片寂靜。過了好一陣子，我想說，前去避難的工人們差不多該回工作崗位上了。但沒多久後，他們又來轟炸。在我看來，這次傷亡慘重，種種設施可說全部被破壞殆盡。

在我的印象中，應該是有兩個轟炸編隊各來轟炸了兩次吧。我方雖以高射炮迎擊，但應該沒有派飛機迎擊。敵方在臺灣空戰時損失了不少飛機，之後又前往參加菲律賓與沖繩的戰鬥，因為每次都有所折損，所以數量越來越少。

（十九）北壽山油庫大爆炸

向井忠男對北壽山儲油所[37]大爆炸的記錄如下：

B-24 偵察機如夜間定期運輸船般，以要塞化的壽山為中心，每晚都來偵察。雖然看過幾次海軍以夜間戰鬥機「月光」迎擊，但 B-24 隨即拉高高度，全速逃走。一陣子之後的某日，大編隊的 B-24 混著艦載機前來轟炸與掃射，並瞄準過去沒轟炸過的地方，像是：將通往施設部

右頁圖：1945 年 4 月 30 日轟炸左營軍港（資料來源：AFHRA 典藏，中央研究院 GIS 中心提供）

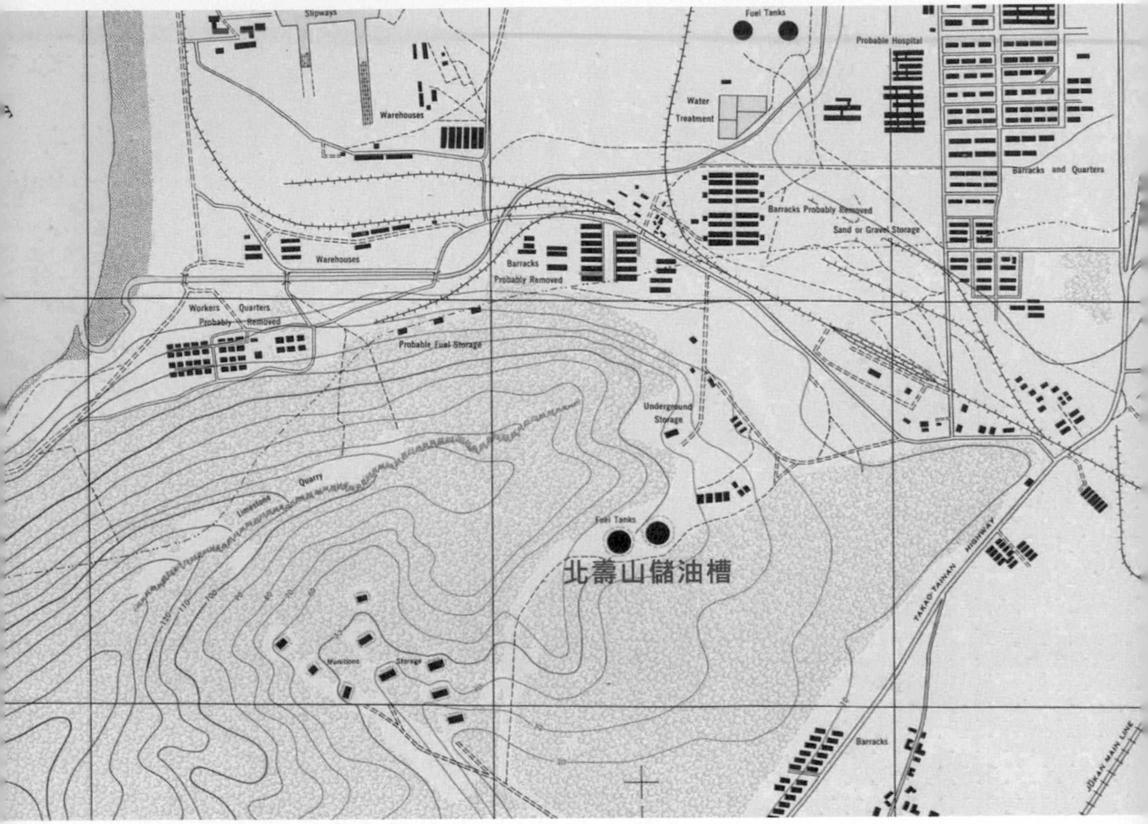

1944 年美軍的偵測地圖〈桃子園 Toshien，左營軍港〉蛇山的山谷中，標註兩個很大的 fuel tanks（儲油槽）。（圖片來源：1944 年美軍偵測地圖〈桃子園 Toshien，左營軍港〉，郭吉清加註）

的排水溝誤認為輸油管，並一一轟炸廣場、略高的山丘與森林等地。

壽山北側，面對要港、覆蓋著森林的丘陵（作者按：蛇山）突然冒出火柱，似乎成為空襲的目標及近日以來的偵察目的。敵機在達成目標後全部撤退了。小山也於瞬間，轟地一聲陷入火海，如火山一般熊熊延燒了兩天左右。後來某次，我藉機去看油槽遺跡，發現全是石造的，且為一個看著看著，彷彿會被吸進去般的龐大空間。直徑據說約為八十米、深約五米，但沒有人知道確切的數字。

另外，山本一美對於這場壽山油槽大爆炸，還有如下回憶：

利用壽山山谷建造的地下儲油槽，某日因為空襲而著火。接近壽山一看，數名士兵正躺在地上，等待衛生兵救援，不知是遭空襲波及或因爆炸而受傷；他們應該是儲油槽的衛兵吧。因為爆炸的儲油槽就位在停放震洋艇的隧道附近，三個部隊為了不讓火勢延燒到震洋艇，幾乎全員出動，割除較低的草木、並進行堆土防火等作業。在燒完地下油槽的重油以前，部隊一直保持警戒狀態，但在長時間勞動下疲憊漸增，加上很晚才吃午餐，大家都累到喘不過氣，苦不堪言。為什麼這種地下油槽會遭到攻擊呢？或許因為此處有個軍港，才需要這麼大的儲油槽吧。但在臺灣空戰後，要港主要機能已喪失，僅剩小型船艇的運用及沿岸工廠的運作。因而，若說此次攻擊是因受到瞄準工廠的流彈波及，那也相距太遠了。更何況油槽上方還有茂密的草木作為掩護，從空中看下來，應該很難察覺到這項設施才對。

山本一美又在回憶錄寫道：

某日，突然接到「整隊防火隊出動」的命令。那時，甲板士官擔任派遣隊的防火班長；接到命令後，十數名隊員迅速集合，趕往現場。在離營舍約兩公里的燃料廠分部裡，露天堆放著數個小型儲油槽與數十個儲油桶以欺敵偽裝，但空襲卻意外地引燃了儲油桶，並隨即化為大型火災，接連引爆其他儲油槽。那時即使人在遠處，臉上仍感受得到熱度，這已經不是我們所能處理的範圍了。

專職消防隊員為了不讓大火燒到儲油槽而用幫浦使儲油槽降溫。我們只能在旁邊傻傻地看著，宛如入伍前觀賞的美國電影中，遲遲無法撲滅的起火油田。電影最後，為了製造瞬間的真空狀態來滅火，而在火勢上方引爆大量炸藥。專業的消防隊已在滅火了，袖手遠觀的我們只好回去。因為起火點離鐵路很近，搞不好是P-51戰鬥機掃射列車時，不巧發現儲油槽，才使其連帶遭到攻擊。

（二十）A-20轟炸機落海事件

向井忠男寫下了一個讓人費解的特殊事件如下：

那是我擔任碼頭衛兵時發生的事。附近的海軍岡山機場突然遭到四架 A-20A 轟炸機低空突襲。在陸、空槍戰之中，其中一架 A-20A 的單邊引擎著火，飛到左營的海面空中。雖然有三架僚機（編按：編隊飛行中，跟隨帶隊的飛機「長機」執行任務的飛機）在旁保護，但似乎已經到了極限。那架 A-20A 墜入了離碼頭約三公里處的海中，並揚起一陣飛沫。

印象中，兩名駕駛員因而落海。不一會兒，敵方的水上飛機前來救援，並因準備降落附近的海面而開始盤旋，我們則從陸地對他們發射了一枚高射砲彈。砲彈在要港入口附近爆炸，但無法抵達三公里外的水上飛機之處。水上飛機以機槍掃射墜落現場附近之後，盤旋兩圈就離去了。一會兒後，潛水艇浮起，但也很快就潛航消失了。墜機現場並無危險物品，而那也是我們進行震洋艇訓練的海域。不過，以機槍掃射自己人是非常難以理解的行為，尤其以尊重人命著稱的美軍，為何採取這種行動，這著實令人不解？又或者，他們是為了確認駕駛員的生死，而對浮沉海中的駕駛員周圍進行槍擊，盼能以震動來喚醒昏迷的駕駛員吧？

然而，山本一美對 A-20 轟炸機落海事件的描述則為：

二戰期間的美軍 A20-G 輕型轟炸機（圖片來源：廖德宗）

在這場空襲前幾天，岡山航空隊遭到了攻擊，其中一臺 B-24 轟炸機因著火逃向海上，並墜落於壽山方向的海上，但因距離太過遙遠而無法目視，所以蛟龍基地的隊員就在岸邊等著，看駕駛員是否會逃往岸上。不過，據說駕駛員以橡皮艇逃生後，便被潛水艇救援離去，當時我想，我們已經到甚至連制空權都喪失的地步了吧。

■ 關於：美軍 A-20 轟炸機落海的文獻記錄

美軍轟炸機墜落左營軍港外海，為震洋隊隊員的難忘回憶。美軍也有正式記錄這項二戰史實。相關內容按《美軍轟炸任務月報 312BG, March 1945》節錄如下：

「……一九四五年三月二十五日，三一二轟炸大隊自菲律賓的曼嘉丹（Mangaldan）機場，出動了十八架 A-20 轟炸機，前往攻擊臺灣最大的製糖工廠——橋仔頭（Kyoshito）糖廠。此次任務在新任指揮官威爾斯中校（Lt. Col. Wells）帶領下，達到摧毀目標的任務……橋仔頭糖廠燃起了熊熊火焰，遠在二十英里之外，都能看見工廠正在冒煙……。但日軍仍能洞察 A-20 飛機的位置，並從地面發射密集的砲火，導致十八架 A-20 飛機中，十架遭日軍砲火波及，一架被擊落。……被擊落的 A-20 飛機駕駛員為舒爾茲中尉（Lt. Schultz），其在攻擊目標（橋仔頭糖廠）上空被日軍砲火擊中。之後，舒爾茲中尉仍保持在飛行隊形

美軍第 312 轟炸大隊第 386 中隊 A-20 轟炸機，1945 年 3 月 25 日下午 13 點 40 分低空轟炸橋仔頭（Kyoshito）糖廠。（資料來源：美軍轟炸任務月報 312BG, March 1945，AFHRA 典藏，中央研究院 GIS 中心提供）

之中，直到他對糖廠投下炸彈。當他駕駛的A-20左引擎噴出火來時，他朝著打狗的海上直飛，以便在海上迫降。……指揮官威爾斯中校此時將飛行隊伍交給下一位指揮官，並尾隨受砲擊的A-20；這架A-20飛過海岸，其左引擎在落海後，飛機馬上墜毀於離海岸二分之一英里的海面上。此刻的時間是一九四五年三月二十五日十三時五十分。指揮官威爾斯駕駛的飛機，緩慢飛過這架墜海的A-20，藉以俯看是否還有生還者，但未發現。此時，岸上的日軍陣地對著飛機墜海之處，密集發射高射砲火，威爾斯中校於是聯絡救援水上飛機（Catalina rescue plane），希望能找到生還者。水上飛機駕駛員來到現場附近時，發現在A-20墜落的地點到海岸之間，均有密集的砲火，研判無法接近出事地點，於是通知威爾斯中校。威爾斯中校瞭解到，已無法再進行救援，只能從打狗飛回菲律賓空軍基地。那時，A-20飛機已飛行了六．五小時，而其最遠航程為七小時。……一位飛行指揮官在如此景況下，干於冒著生命危險的作為是否明智，有討論的餘地，但他的勇氣與激勵十氣的領導能力則是毫無疑問……。」

另外，按《美軍轟炸任務月報312BG, March 1945》的第六十六頁，所列出之當天受損的飛機型號為：A-20G，編號：四三—二二一六三，受損狀況為：被高射砲打中，導致完全損失（Complete loss）。飛行員SCHULTZ, Donald F.少尉及機槍手SANTI, Albert（NMI），Cpl則於任務中陣亡。

1945年3月25日，A-20G美軍轟炸機被日軍砲火擊中，墜機掉落在左營軍港外海。（插畫：林家棟）

藉此可確認的是，震洋隊員向井忠男與山本一美所回憶，美軍轟炸機掉落左營軍港的事與上述的美軍文獻記錄所指為同一件事。其中，當時擔任碼頭衛兵的向井忠男提到，他所目擊的飛機是 A-20A 機型，但美軍的正式傷亡紀錄中則為 A-20G 機型，因此正確機型應為 A-20G。再者，向井忠男提到，有四架 A-20A 空襲岡山機場，但其實是十八架 A-20G 在空襲橋頭糖廠之後，其中四架飛往左營軍港的方向。此外，山本一美所回憶，有一架 B-24 噴出火來，並往海面逃走，接著他看到飛機墜落於壽山附近的海域，而蛟龍基地隊員正準備追捕……。山本一美誤將 A-20 機型記成 B-24。由於向井忠男為現場的目擊者，山本一美則是加上聽聞，因此，向井忠男的紀錄可謂非常珍貴的目擊記錄。

（二十一）基地隊與龜甲彈

第三艇隊搭乘員河內重次，對基地隊與龜甲彈的記錄如下：

所謂的基地隊，泛指那些年約三十五、六歲，故鄉還有朝思暮想的妻子，但卻為了國家一紙（俗稱赤紙的）召集令，不管情願與否便配屬到我們震洋特攻隊，負責從格納壕中搬出震洋艇的老兵們。基地隊平常要輪值班，以及擔任勤務兵等，並利用工作輪值的間隙展開訓練，日夜進行嚴格劇烈的操演，其假設狀況為：「出現敵軍登陸。」這時，

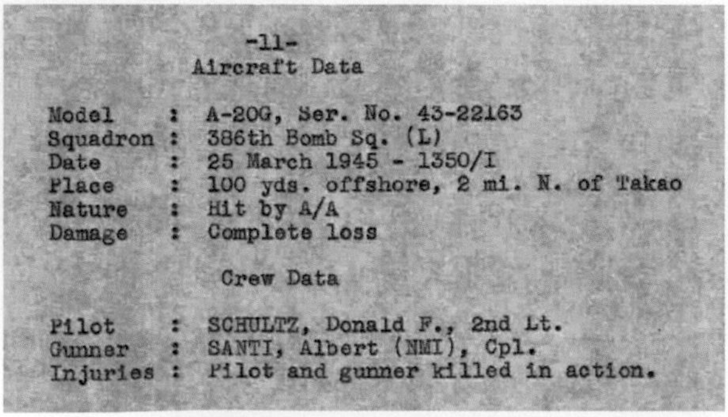
-11-
Aircraft Data

Model : A-20G, Ser. No. 43-22163
Squadron : 386th Bomb Sq. (L)
Date : 25 March 1945 - 1350/I
Place : 100 yds. offshore, 2 mi. N. of Takao
Nature : Hit by A/A
Damage : Complete loss

Crew Data

Pilot : SCHULTZ, Donald F., 2nd Lt.
Gunner : SANTI, Albert (NMI), Cpl.
Injuries : Pilot and gunner killed in action.

《美軍轟炸任務月報 312BG, March 1945》報告，AFHRA 典藏，中央研究院 GIS 中心提供。

他們必須將隱藏於山洞中的震洋艇放上台車，送到海邊。震洋艇出擊之後，他們就變成陸戰隊員，展開野外作戰。其中一項嚴苛的特殊訓練，便是破壞敵方自登陸艇著陸的戰車。位於壽山山麓，沿左營軍港而行的軍用道路草叢中，隨處都可挖到能躲入一人的洞穴，這種洞穴形似日本的「章魚壺」（捕捉章魚用的陶罐），也就是散兵坑。

隊員攜帶龜甲彈（六角形，狀似龜殼，屬特製炸彈，用以爆破近身的飛機、艦艇、車輛等設施。龜甲彈屬人肉炸彈、自殺炸彈）躲入坑中，並對著模擬戰車的小型汽車爆破其履帶，構成所謂人肉炸彈的悲慘訓練：每天在三十多度的炎日之下，腋下夾著龜甲彈，匍匐於乾硬的地面以接近戰車死角，這是渾身汗水與沙土的訓練。一旦訓練成真，不知他們如何生還？如今回想起來，真不知當時他們心中的想法為何？應該是努力訓練，以成為「阿修羅」或「魔鬼」吧。然而，當時我們也是天天面對死亡，哪有閒情體諒基地隊員的感受與遺憾。

（二十二）公用使與軍餉

隊上專門處理郵務的郵務士稱為「公用使」，他們每週需前往左營郵局數次，因手臂上掛著「公用」字樣的臂章，又揹著長度四十公分的方皮包，因此被稱為「公用使」。橋本上等水兵以前就是郵差，所以常被派任為公用使。他每次出公務時，同僚常央求他去買「豆板」，

基地隊隊員手提龜甲彈，進行爆破裝甲車的訓練。（插畫：林家棟）

由於大小剛好可以放進公事包裡，如此一來，絲毫不會引人疑竇。豆板其實就是「花生糖」，因做法同於日本的豆板，日本人便將臺灣的花生糖稱作豆板。如今想起這些，真是難為他了。橋本上等水兵身材高大，像極了鄉下的郵差。後來，公用使換成了矮小的G上等水兵後，人們只能看見他揹著的公事包，身體幾乎都被蓋住了。

到了三月底時，我們都能匯錢回家了，金額約為五十日圓。當時，日本本土軍人的月薪約為一百日圓，我們海軍的本俸約為三十五日圓，加上戰時、戰地、危險、航海等各項加給，合計約一百五十日圓。航海加給按操艇訓練的時間而有不同，有時略少於一百日圓。領薪水時不會出錯，但支薪的方式卻不一定，但在當時，我們完全不介意。沒錢時，跟戰友周轉一下都沒問題，自己的錢與戰友的錢無甚區別，過著「通財之義」的生活。總之，穿上公家制服外出吃大餐時，只要一點小零錢就夠了。

當時，由於我們的部隊為秘密部隊，所以寫信時的收件人，要寫高雄警備隊轉交「〇〇號」信箱。在一九四五年三月底前，還有制海和制空權的時候，仍收得到這種專屬於軍事郵政的信件，後來，隨著美軍進攻沖繩，就收不到信，郵務也完全停擺了。幸虧在領到的薪水中，還有剩下一些臺灣銀行券，否則就沒辦法用錢了。這是我們的情形，但基地隊員就不同了，他們幾乎都有妻小在日本本土，所以得匯錢回去，若少了正常發薪就只好不花錢，要把所有薪水存下來。

山本一美回憶道，離開日本本土時，叔父給了他一張百日圓日銀券作為餞別禮，起先還能用，但戰敗後就不能再使用了。基地隊員中的G兵長常跑來要用臺灣銀行券跟他交換，山本由於正缺零用錢，便跟他換了。之後其他人也來換，因此日銀券很快就換光了。這時候的臺灣物價還很便宜，且無太大變動，因而大家都拚命花錢。但另一方面，日本本土則因通貨膨脹，幣值日益看貶，每況愈下。大福麻糬十個就賣一百日圓，不僅甜食特別貴，米也一樣。

（二十三）行跡敗露的「脱外」事件

「脱走外出」也稱「脱外」，指的並不是逃亡，而是不假外出。海軍體制下，所謂「半舷入湯上陸」的外出自由活動天數，按階級、資歷、航海天數或演習校閱任務而有不同。一般來說，航空實戰部隊隔天即可「入湯上陸」，同屬實戰部隊的震洋隊也是。海軍稱外出為「上陸」，陸軍則稱「外出」。通常在半舷入湯上陸後，隔天也可外出，但在發出警戒、警報及空襲警報後，即不許再外出。外出時若遇警報，需立即回營歸隊，若這種情況持續發生，便會累積許多壓力。

幸虧當時，我們營隊的圍牆都是竹籬笆，稍微撥一下，便可空出一

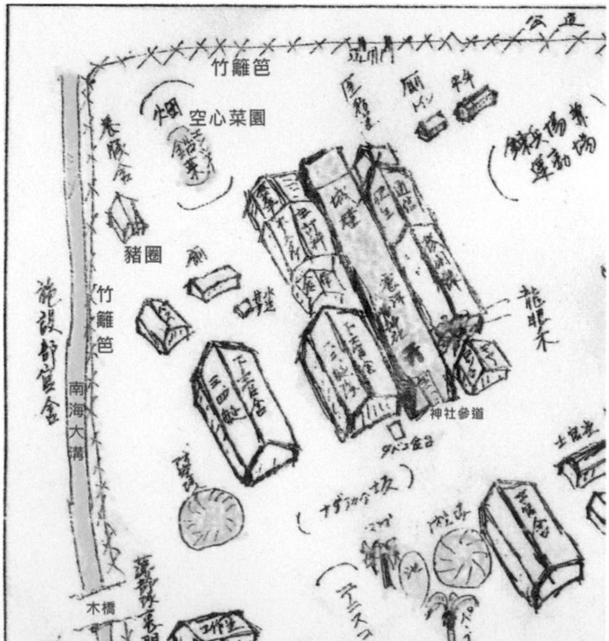

埤子頭震洋隊員從營舍東北邊的竹籬笆「脱走外出」。（圖片來源：郭吉清）

人進出的縫隙，而外面就是兩公尺寬，且並不很深的河溝（編按：南海大溝）。另於營舍東北方，有坂本辰飛曹細心地整理出的空心菜園與豬圈。附近可利用的空地，幾乎都被搭乘員善加利用了，其他兵科的人員絕對不會這麼做。

某天晚上，不知是資深伍長自己查覺或有人密告，總之伍長突襲檢查營舍寢室，並查到有四到五個人不在，導致「脱外」事跡終於敗露。隔天一早，隊員們便受到部隊長的叱責，往後，凡是從豬圈附近不假外出者，都要接受各艇隊隊長的鐵拳制裁。接任佐藤艇隊長的入佐艇隊長，拿著球棒出來準備揍人時，正好被部隊長看到，於是禁用了球棒。這件事若交付軍法會議將變成重罪，且軍法必然嚴格執行，但在不影響士氣的前提下，薄部隊長對於這類未經世故的作為都從寬處理，僅以警告結案。

情況似乎緩和了下來。然而，過多的空襲卻令人情緒緊繃。這次巡檢結束後，不知何人喊出了：「『脱出』人員整隊。」接著，約有十人出來列隊，而隊伍就從正門堂堂外出。因為衛兵伍長由三個部隊的搭乘員輪流擔任，所以彼此心照不宣、互相幫助。況且我們也不是到市區街上東逛西逛，而是像在住宿舍時到附近認識的官舍串門子而已。而串門子的對象也令人值得信賴，且我們也不會造成對方困擾。加上時間一到就歸營、沒有外宿，所以「脱外」也就相安無事地落幕了。

入佐兵曹長接任了佐藤艇隊長的位置。據部隊長說，許多自願前來的軍官都是被特攻隊較好的待遇吸引而來。報考者除了入佐外，沒有其他軍官展現出這種願和年輕軍人一起戰死的氣魄，所以被打動而錄取了他。事後知道他曾在山口縣岩國擔任過乙種飛行預科練習生教員，實在不簡單。

（二十四）從天而降的降落傘新聞

每次美國軍機空襲或偵察之後，空中都會飄落片片傳單，此為：「降落傘新聞」是美國人的宣傳伎倆。無風的日子，空中飄落無數閃閃發

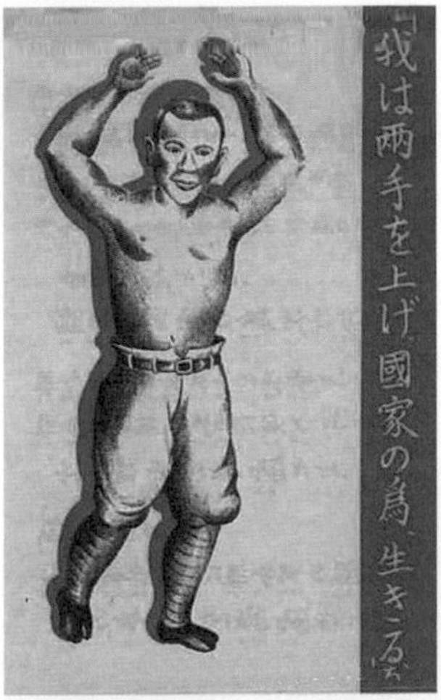

二戰末期，美軍對臺灣空投的各式傳單。（圖片來源：高雄市舊城文化協會）

光的紙片，這些自飛過的敵機尾部撒落的傳單，為淺桃紅色、四開小報，且全為日語寫成，而內容則不外乎：菲律賓戰況對日本不利，沖繩也很危險，若不儘快停止戰爭，將導致日本全滅等等。同時，傳單的最後一段還刊載著：火野葦平所寫的「土與軍隊」，還是「花與軍隊」的小說之類的。總之，這種行徑是以擾亂人心為目的。事實上，我們都不太關心新聞內容。因為感覺上，似乎誰都不相信敵人已經兵臨城下，而且上面對此卻什麼也沒說。我們則撿起飄然而下的傳單、半開玩笑地說：「看看這次又要說些什麼。」戰後才知道，這些傳單為懂英語又受過相當教育的日軍，在被俘虜後，於美籍日僑的指導下所做成的。

（二十五）臺灣高砂族隊員

某日，有數名臺灣人以「海軍特別志願兵」的身分入伍。他們之中，有很早就從中國福建、廣東移居來臺的本島人後代，也有數名高砂族的新兵。他們工作認真，態度也十分忠誠。有位高砂族青年兵不僅身強體壯，且非常活躍，還出賽了五月的角力大會。日本戰敗後數日，各項整理完成後，首先便進行特別志願兵的復員。但高砂族出身的三名士兵並不想離隊，他們要求：不管到哪裡都和日本兵一起行動，直到我們返日為止。不過兩、三天之後，還是先請他們回家。他們比本島臺灣兵約晚了四、五天離營。聽說這些高砂族不僅在臺灣入伍，也

海軍紀念日角力大賽全體選手合影，圓圈者為高砂族隊員。（圖片來源：大賀誠治，郭吉清加註）

出征菲律賓一帶。他們之中，因揮舞番刀、突擊美軍陣地而喪命的人也不少，但不知戰後他們的保障為何？

（二十六）甲飛十六期灣生入伍

一九三七年（昭和十二年），「甲種飛行預科練習生」組成。一九四五年（昭和二十年）六月底，臺灣出身的第十六期生原定入伍日本寶塚的海軍航空隊，但因制空權、制海權全失，於是改在高雄海兵團入伍，並由各隊派出兩名優秀的十三期預科畢業生，對其施以一個月的基礎教育。結束後，有六十名配至震洋隊擔任搭乘員，與我們一起駕駛震洋艇出擊。我們稱這些年輕我們二、三歲的小夥子為「灣牛」，亦即在臺灣出生的日本人。剛入伍時，我們感覺學員與教員就像兄弟，但隨著日子一天天過去，卻發現管教這些灣生吃力無比。他們在海兵團生活了一個月，應該汲取了一定程度的海軍氣氛才對；但分配一至四艇隊後，卻被各班的班長磨慘了。當時，我們的預科訓練有十個月，但他們因為僅接受一個月的速成訓練，所以到了隊上之後，還得接受補習教育。

■關於：甲飛第十六期生

來自臺灣各地的第十六期甲種飛行預科練習生，都是通過學科考

甲種飛行預科練習生：第 16 期第一班的合影。（圖片來源：《回想薄部隊》）

試、身體檢查的中學生與畢業生。一九四五年（昭和二十年）六月二十三日，接到佐世保海軍鎮守府的通知，要到兵庫縣的寶塚海軍航空隊與山口縣防府海軍通信學校入伍，但美軍登陸沖繩本島以來，戰局極為嚴峻，導致前往日本本國的航程非常危險。因此，海軍當局便改由在臺灣本地實行基礎教育訓練：出身臺北州、新竹州和花蓮廳者，在新竹海軍航空隊受訓；出身臺中州、臺南州、臺東廳、高雄州及澎湖廳者，在高雄海兵團受訓。進入高雄海兵團受訓者，成為高雄海軍警備隊第一期甲種飛行預科（特攻）練習生，任命為海軍二等飛行兵。經過三星期的訓練後，便將他們分發至各地的震洋特別攻擊隊上。其中，有六十名分發至第二十震洋隊薄部隊（高雄），各五十名分發至第二十一震洋隊竹內部隊（高雄）、第二十四震洋隊若松部隊（澎湖島）、第二十五震洋隊和田部隊（澎湖島）及第二十八震洋隊浦本部隊（海口）。另有二十四名分發至第二十九震洋隊永井部隊（高雄），三十名分發至第三十震洋隊山本部隊（海口），及二十四名第三十一震洋隊粟原部隊（高雄）。

（二十七）搭乘員的日常勤務

搭乘員就是震洋艇的駕駛員。他們在訓練以外的非值班時間，輪流擔任隧道衛兵伍長、值班士官、營門衛兵伍長及對空監視的值班士官等。隧道衛兵伍長為四名衛兵的帶隊官，一天服勤兩次，每次三小時，

甲種飛行預科練習生：第 16 期生第二班的合影（圖片來源：《回想薄部隊》）

輪流守衛隧道入口與滑坡。值班士官為負責執行隊內安全的軍官，率傳令兵一人，值勤於值班臺，並職掌各項對外聯絡。營門衛兵伍長為後門警備兵的帶隊官，負責管制三個部隊的大門及監視出入的人車等。對空監視的值班士官執勤於番兵瞭望塔，與值班士兵共同警戒敵機來襲。

山本一美回憶：有次輪值對空監視時，以雙筒望遠鏡瞭望，看見壽山方向、右邊四十五度角的上空有團白色物體掉落，便立即報告下方的值班軍官。值班軍官命他繼續監視。但定神一看，卻見那團東西一動也不動，接著才發現，原來是缺了半邊的月亮。心想：這下糟了，並立即大聲訂正：現在的掉落物為月亮，是我誤會了，而底下則立刻傳來：「山本兵曹，你這傢伙昨晚是不是幹了什麼壞事啊！」實在是糗事一件。

山本會看走眼，原因是以前曾有飛機的副油箱；也就是直徑約一公尺、長三公尺的鋁製流線型油箱掉在草地上，被人撿到、上繳所致。飛機在用完這種備用汽油箱後，就會將其拋棄。空襲時，飛機沒飛到頭頂上方，就不會趨避。自半屏山方向襲來的敵機比從海上飛來的還多，海上多為其逃逸的方向。來襲者，有時是數架敵機，有時則為數十架的編隊。遠看，敵機雖然小如豆粒，但當杜拉鋁製的機身反射陽光並逐漸接近時，大家都屏氣凝神地判斷其軸線的移動方向。當機影越來越大，高射砲炸裂的聲響震耳欲聾時，掉落的破片便非常危險。炸彈落下時，破空的「沙沙」聲會持續一陣子。若敵機編隊向著部隊而來，則會發出：「退避、退避！」的號令，大家也立刻飛奔進入附近的防空壕。若「沙沙」聲變為「夏夏…」聲時，則表示大難臨頭了。

從空中俯瞰位於果園中的部隊，可能只看得到一片果樹林，但若看得稍遠，則可見左營港及各種設施。那裡因而常被敵人當作攻擊目標，屢受波及。再者，若過於輕忽高射砲，或其方向有誤時，砲彈的破片會射穿簡易營房的木板、掉落房內。曾經，在空襲正炙時，有人在廁所大解，而砲彈的小破片卻貫穿屋頂，射入廁所門內。那一瞬間，感到整個廁所被難以形容的尖銳聲炸掉了。除了上述的值班外，還有負責維持隊內軍紀與風紀的甲板士官。通常由入伍三年以上的士官擔任，但因為隊上士官甚多，所以這項勤務每三個月輪值一次。

(二十八) 半屏山與左營街

高雄市區因為遭到大空襲的破壞，所以嚴禁前往。放假時，我們幾乎都在離隊上兩、三公里的左營街上蹓躂。左營街上，撞球場、米粉店、妓院、酒店、菜館等小規模的店鋪櫛次鱗比。因為隊上的外出採半舷上陸，所以不管去哪裡，都是四、五個人一起前往；外出時，因警報聲響起，不得不馬上跑回部隊也是常有的事。

左營街東北，兩、三公里之外，有座因山的一半被縱切開，而名為半屏山的山。奇特的山峰，如今為了採水泥原料石灰石而大肆開挖，導致山形大大變貌，淒慘無比。半屏山的山麓上有間菜館，有一次，因為想到那邊喝一杯，但警報卻在走了好一段路時響起，按規定，應該要趕快跑回部隊才是；但因為實在很累人，所幸在海軍的卡車剛好經過時，搭了便車。這輛車令人乍感在地獄裡碰到佛祖，幫了我們很多。

記得左營街的中段，有三、四間撞球場。最遠那間，因為有個知性氣質的美女在裡面，生意特別興隆。一艇隊常去那邊。那位漂亮的美女，會仔細教導我們撞球的打法。T．M飛曹有次在下雨天時，開玩笑地跟大家說：「下雨了，回也回不去，索性讓我在這裡過夜吧。」那位美女回他說：「要是只有M您的話，就讓你過夜呀，其他人我可不願意呢。」結果，雖然被拒絕了，但當時美女的神情卻相當認真。T．M飛曹是位認真溫柔的帥哥吧。而那些臺灣女生也都相當可愛，非常有魅力。

（二十九）櫻壽司的活潑女店員

要到營舍西邊的隧道值班，在營舍整理隊伍，出了後門後，穿過設施部的官舍，走路約半小時才能到達。隧道對面[38]有間內地人經營、

櫻壽司料理店為日本人開設，裡頭有一名年輕、談笑風生的女子。（插畫：林家棟）

名為「櫻壽司」的壽司店。記得這家店不賣握壽司，賣的是散壽司或捲壽司。為何店名叫做櫻壽司呢？那是因為，他們會在壽司中放入一種染成粉色、一寸大小的酸味食材。究竟是什麼食材？如今想不起來了。但為了消夜有壽司吃，我們總是收集數個空飯盒，在下午三點左右、要換班時出發去買。因為是我們這些值班的士官請客，所以在值班的士兵之間評價非常好。

雖然此事後來被資深伍長關切，但我們也不在意，仍繼續去買。因為大家都很期待，所以也沒有理由不去。況且，這正是當隧道值班兵的樂趣所在，甚至連平日難相處的班長，表情也因而變得與往常不同了。這間店因為有位年輕、笑臉迎人，又能談笑的臺灣女生店員，所以總是生意興隆。

我們總是想說，自己去買就好。但那個女生有時會熱切懇求說：「Ｓ飛曹最近都沒來，你們帶他來吧。」我們以為這是商業上的場面話，但似乎不只這麼一回事。因而回隊上時，我半開玩笑地加上自己的看法，並對他本人說了這件事。大家好像也都覺得這只是玩笑話，Ｓ飛行兵曹本人則一副事不關己的樣子。看起來是女生單方面的喜歡他吧。我每個月去隧道值班時都會去一次，有時外出時也去，但從沒跟Ｓ一起去過。不過，我會用Ｓ飛曹的事來逗弄那個女生。

（三十）臺灣的水果

無論春、夏或秋天，南國的臺灣都出產許多水果。木瓜、香蕉、芒果、龍眼、鳳梨、釋迦、白柚、文旦、番石榴、西瓜等，總是依序陳列在店門口，而這些水果製成的加工食品也很多樣化。

小孩子們會拿水果出來賣，叫著：「阿兵哥！阿兵哥！」此外，還有包了花生內餡的饅頭、裝在啤酒瓶裡的花生米等。有次還遇到，我們到郊外散步時，農家叫我們拿整串香蕉回去，實在是讓人不好拒絕又為難。因為一串十枇左右的香蕉排開來，數一數便知有近百根，既多且重。香蕉每結果一次就會從根部裂開。這時，只要施予溫暖的日光與雨水，就會長出新的樹苗。當粗厚的中軸延伸出的前端，開了像睡蓮的花時，表示要結果了。看著比手指頭還小的果實慢慢變大，深感不可思議。

芒果會在雨季來臨前的五、六月開始結果。起先，纖細的果粒膨脹起來，接著一天天變大。但究竟怎樣才算成熟呢？有次因為看到果實已經相當大、顏色也有點黃了，想說已經可以吃。卻沒想到，大口咬下時，白色、無花果般的汁液卻流了出來，還蔓延到嘴巴旁邊，造成了麻痺與一點點刺痛感，這種情況就是還沒熟。

震洋隊員偶爾郊外散步時，農家會送他們一整串香蕉。（插畫：林家棟）

廟會時，我們偶爾會經過農家的門前。「阿兵哥們，進來啊！」他們會如此招呼我們進門，在我們走過塗成紅、藍、白三種顏色的房間後，招待我們吃糯米丸子。令我們較為困擾的是，他們竟用曬乾的瓜皮容器，舀取由砂糖及水拌成的飲料請我們喝，雖然覺得不衛生，但又不好意思拒絕，只好只喝了一半。畢竟是農家努力展現的好意。

（三十一）部隊軼事與生活趣聞

■食用蝸牛

某天早晨，我在浴室與伙房之間的洗滌場，看到主計科的Y上等兵，不知在洗些什麼？一問之下，才知道他在洗食用蝸牛。他說：「這種蝸牛再加些鹽、汆燙後很好吃，準備給軍官加菜。」我問他：「這些蝸牛是罐頭的嗎？」沒想到，竟聽到令人意外的回答：「我在練兵場的草地找到的，要多少有多少。」聽到這種好事後，我在隔天一早，便試著找找看。草地上，野生的非洲大蝸牛（編按：原文為法國大蝸牛，在臺灣多稱其為非洲大蝸牛。）果然很多，撿回來後，我馬上用大的空罐頭，按人家教的方法試做。這是我第一次吃蝸牛，味道和角蠑螺或其他貝類一樣，非常好吃。之後，我們就經常去撿，因為其他人也出動了，所以蝸牛越來越少，最後甚至沒有了。聽說最前線的人們，無論是蛇、青蛙，什麼都吃，因為不吃就會餓死。對於在基地的我們來說，蝸牛

震洋隊員在營舍內煮食非洲大蝸牛（插畫：林家棟）

只是配菜，但倘若有朝一日變成主食，那可就慘了。

■製造木炭

由於燃料短缺，我（三浦忠雄）與勤務兵天野信太郎會砍下芒果樹的樹幹，把一段段樹幹塞入營房後面、挖好的土坑裡。他們在坑頂糊上土膏後，用槌子夯實、製成土窯，然後樹立煙囪、開始點火燃燒，以製造木炭，這是最讓人難忘的一件事。另外，我在基地內會跟辻村兄學「どどいつ」（編按：都都逸）的歌曲。一有空，我倆就會一齊練唱；不僅如此，還會將晚餐的番薯裝在飯盒內、做成番薯飯，並在防空壕內邊吃邊練唱「どどいつ」。在隊上最不舒服的事，是越由艇隊長的管教及在防空壕內避難。

■荻野軍醫

薄部隊的隊上，配屬了一位戴眼鏡、身材高大的軍醫——荻野軍醫大尉。他整天似乎都無所事事，好像只會喝威士忌。衛生演講時，他會和我們講解有關性病的事，譬如：淋病、梅毒、軟性下疳等的感染與症狀。

震洋隊員在營房後面挖土坑、製造木炭（插畫：林家棟）

當震洋隊員在營舍廣場打棒球時，P-38 戰鬥機突然臨空掃射。（插畫：林家棟）

■遇空襲時，隊員如小蜘蛛般四散

某次，我在執行基地營房的警衛勤務時，於龍眼樹上對空監視。那時沒有發警報；但突然間，一架洛克希德 P-38 閃電型戰鬥機——被稱作雙機身惡魔、擊落山本五十六座機的戰鬥機從頭頂飛過，還答答答地對著地面掃射，而在練兵場上打棒球的人，就像小蜘蛛般，紛紛四散逃避，並在慌亂中敲響警鐘，高喊著：「有空襲！有空襲！」後來，營舍四處遭到破壞。但即便如此，好在半屏山上的高砲陣地，還有武藏號戰艦的高角砲對其咚、咚、咚地加以反擊。

二、終戰、自活與遣返

（一）終戰時的詔書

上級指示，八月十五日有重要廣播，然而，原本負責廣播的甲板士官本應留在隊上，卻不知何故跑去了壽山；我們猜想，肯定是為了船艇的整備或有緊急任務吧。當時，留在隊內的多為十六期練習生與他們的教育班長，而其他搭乘員跑到哪裡去了呢？傍晚回到隊上時，全員齊聚於營舍後面，而主張承認我方為戰敗的一方，與主張向天皇陛下懇求繼續奮戰的另一方發生了激烈爭吵。後來，爭鬥的情況越演越烈，以至近乎劍拔弩張、一發不可收拾。原因似乎是為：中午重大廣播時，大家都在聽收音機，但嘎嘎的雜音相當嚴重，導致天皇的聲音斷斷續續，聽不清楚。但最後那句：「全體國民應能深切體會我的意思。」則聽得很清楚。但這句話卻被大家解讀為：「希望更加堅持地打拚奮鬥。」此時，守候於警備隊本部聯絡股的軍官回來了，他聽到高雄警備府本部的意向了解到，本部果然認為戰敗了，但臺灣未受重創，臺灣軍也仍在作戰，所以不要心急，靜待局勢發展！這時，大家才開始覺悟到，我們真的戰敗了。當初我在川棚首次看到震洋艇時心想，居然開發這種武器，說不定我們已走投無路了。如今沒想到戰敗成真，不僅絲毫沒有因此可以從特攻隊解放而得救的想法，甚至過去努力的心血也付之一炬。

但隨著時間的流逝，無可奈何的心情也逐漸湧現出來，心境實在是五味雜陳。八月十五日當晚，因為巡察的值班軍官沒來，所以只有資深伍長原田、我及值班的士兵三人。巡察其他隊的我們，經過了機關科、電信科、看護營房，並繞到主計科，而旁邊就是練兵場。今晚的蟲鳴格外響亮，約莫是因為營房一片寂靜的關係吧！繞過主計科與伙房的我們來到士官營舍，裡頭都是年輕的搭乘員，原先非常吵雜，但當我們在營舍前喊著「巡檢！」時，一下子就安靜下來了。但當我們來到隔壁營房時，他們又恢復了吵雜；大概是傍晚時的激動還沒平復吧。

1945 年，國軍（中國軍）於左營港接收 208 艘震洋艇，並排列於軍區廣場上。
（圖片來源：《國軍檔案，日本海軍物資接收目錄》）

當我們發出：「巡察結束，把煙草盆端出來，開始休息！明天日課照表操課。」[39]的指令時，他們一一從床上跳起，開始議論紛紛。徵召兵人數較多的基地隊，氣氛本來就和別的單位截然不同，今晚更不一樣。從明天起，該怎麼辦？失去目標後的空虛感、臺灣軍接下來的去留等，到底怎麼一回事？這一切，都讓人惴惴不安。投降的話，我們特攻隊員或許是最先被處刑者等討論得沸沸揚揚，大家一再議論關於未來的事，直到深夜仍喧騰不已。

（二）解體震洋艇

終戰之日，軍官室轉傳警備隊本部的通知：「臺灣不投降，要以臺灣軍的身分進行戰鬥，故千萬不可貿然妄動。」但此後，過了好幾天都沒有下文。之後，上級下達「解體震洋艇」的命令，也就是：將震洋艇的炸藥裝置、引擎及艇身三個部分分別解體。震洋艇的艇身為三夾板木製，所以一下子就分解完畢，自行拆卸炸藥裝置，解除武裝。才製造一年就被解體的震洋艇著實薄命。

機關科的整備員們費盡心力整備的船艇，如今竟面臨解體的命運，雖然遺憾但也無可奈何。我們原應與震洋艇同生共死，但事到如今，大勢已定，一想到此事仍然感慨萬千。解體震洋艇是部隊長的事，搭乘員並未參與，所以這項工作是在大家不知情的狀況下進行，只有在

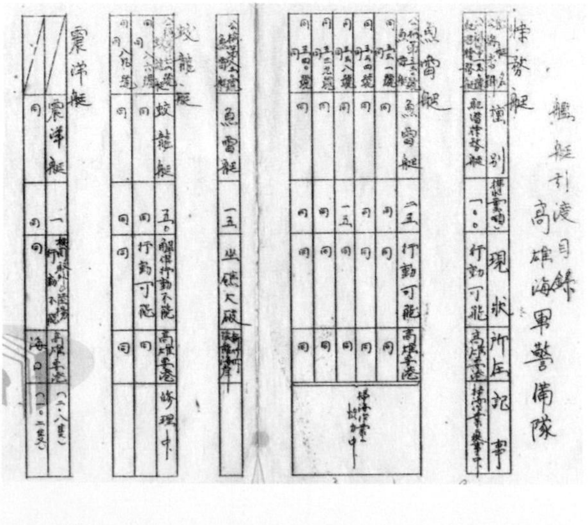

1945 年，日軍艦艇的交接清單上，高雄要港（左營港）的部分包括：已拆除引擎彈藥機關、不能再行動震洋艇 208 艘，及 3 艘蛟龍潛艇，其中一艘已拆除機關，無法行動，另兩艘是完整的，仍可航行。（圖片來源：《國軍檔案，日本海軍物資接收目錄》）

後來拋棄震洋艇的火藥和搬運引擎時，才命令搭乘員親身參與。搭乘員們將火藥裝載在魚雷艇上，拋棄在遠離壽山的大海中，這就是「解除武裝」，就這樣，一切都結束了。

一九四五年，日軍艦艇的交接清單上，高雄要塞港（左營軍港）的部分包括：已拆除引擎彈藥機關、不能再行動震洋艇二〇八艘，及三艘蛟龍潛艇，其中一艘已拆除機關，無法行動，另兩艘是完整的，仍可航行。

（三）中國軍登陸

終戰後的數日內，擔任衛兵勤務時最關心的事，莫過於戰勝國中國軍的到來，因為此事必將影響我們現在的生活。首次遇到中國兵是在擔任衛兵執勤的半夜，那種感覺就像遭遇偷襲。那天，自軍港登陸的中國兵，據說露宿於海岸，其中有兩人為了找水而誤入海兵團。我命人把其中一人帶來的水壺灌滿，並讓他們盡快離開，同時將此事報告值勤軍官。但值勤軍官似乎早知道他們登陸的事，因而對我的報告沒有任何反應。

（四）燒毀震洋神社

戰敗後，震洋隊以兩瓶燒酒向左營街上的相館租了相機，拍下燒毀震洋神社的照片。（圖片來源：《薄會戰友通訊》）

第一艇隊搭乘員吉岡正夫在終戰回憶錄中寫道：

離開基地前，我們先行燒毀了營舍後面，城牆上方的「震洋神社」。

第十六期練習生就地先行解散離隊。震洋艇放上台車後，集中於部隊練兵場，而基地隊的小型兵器、我們的個人軍刀及罐頭等物品都得交接。當見到拿著油紙傘、扁擔上垂掛著鍋釜的中國軍隊時，覺得實在可笑，我們才不會敗給這種傢伙呢。完成交接後，這樣的心情一直持續到遣返的時候。中國軍的憲兵，對我們這些穿著飛行鞋的搭乘員敬而遠之，把我們當成存活下來的特攻隊，還讓路給我們走。前輩們崇高的犧牲，如今救了我們一命，真是萬幸又感謝。最高興的，莫過於蔣介石總統以德報怨的思想，讓我們沒有進一步遭到迫害與報仇，還讓我們自治。除了有臺灣當地人襲擊倉庫這等小事外，沒什麼特別的事發生。

（五）日本海軍集中營

一九四五年（昭和二十年）九月上旬，薄部隊全隊

在離開基地前，震洋隊隊員先行燒毀震洋神社。（插畫：林家棟）

移往海兵團，並將部隊名稱改為「第二十八分隊」。不久後，原來的海兵團名牌又改成：「日本海軍集中營」，而在短暫時間的自主管理後，接下來逐漸被加諸種種限制。以往我們闊步而行的主要幹道，如今已禁止通行。除了變成「俘虜收容所」的海兵團以外，其他的海軍設施都有中國兵的步哨。海兵團分配到的營房全由竹材蓋成，一棟能收容約兩百人。我們這隊約有一百六十人。前方的窗子可眺望海上，有時也可看到外國船。我們在這裡待了數月之久，成了沒有武器的俘虜兵，並得服從蔣介石直系的中國兵發號施令。禁止遣返的命令，使得因情緒焦躁而引發神經衰弱者逐漸增加，也有因罹患腸炎及瘧疾而住院者。為了緩和大家的情緒，俘虜營經常舉辦演藝活動來安撫我們。

某日，我在越田少尉的陪同下，到舊警備府接受詢問，出來接待的翻譯員指示我：教導中國兵如何操作震洋艇。我答應的同時，也要求他們發給我通行許可證。過了許久之後，他交給了我一張長方形、上面寫了「許可書」的紙，而這番慎重也令我吃驚，但這張通行證後來卻很好用。又有一日，我再度於越田少尉陪同下，來到桃子園的部隊遺址。那裡由數名擔任警衛的中國兵駐守著，而多數營房則成了倉庫，堆滿自震洋艇取下的引擎與蓄電池。這一天，主要是將物品清冊與數量移交給警衛的負責人；此後，就再也沒回去舊部隊了。

（六）集中營裡的運動會

一九四五年（昭和二十年）十一月間，為了宣洩集中營部隊的壓力，海兵團舉行了體育祭，由各分隊進行共九個項目的陸上競技，而我們分隊在四百公尺接力、一千五百公尺、兩百公尺、一百公尺、鉛球投擲、跳遠等六個項目上獲得了優勝。選手包括：搭乘員森山、明石、黑木、安井、楢崎飛曹、桐谷兵曹和我。我們在九個項目之中，獲得六項優勝，但不能使用第二十震洋隊與薄部隊的舊名，僅能稱為第二十八分隊，雖然如此，依舊證明了我們隊伍的實力。雖然桐谷兵曹說，此次獲勝，是因為我們之中有很多人運動神經傑出，但應與我們的隊伍中，有多名預科練習生養成的搭乘員有關才對。

（七）戰後，高雄港的掃雷

戰爭結束後，隊員們得自謀生活，因此部隊同僚各奔東西。水雷科的人以高雄商港入口的高大住宅為臨時營舍，並在高雄海上從事掃雷工作。他們以四艘大發動艇分成兩組掃雷班，出港一天、休息一天，一直工作到一九四六年（昭和二十一年）三月底。當船艇抵達掃雷現場時，兩艘掃雷艇靠近彼此；在繫上鋼纜後，隊員讓鋼纜沉入海中，然後每隔一百公尺安裝一條深十五公尺的鋼纜，並加上浮標；彼此以旗語聯絡，然後利用海圖進行掃雷。一旦鋼纜掛住水雷，便在鋼纜一

海軍集中營時期，大運動會優勝者的合影。（圖片來源：《回想薄部隊》）

端裝上炸藥包，接著在炸藥包上安裝信管。掃雷艇離開一百公尺時，炸藥包與水雷緊密結合，此時，啟動電氣點火器通電，引爆炸藥包及水雷。爆炸後，海面上會掀起很大的水柱，艇身也會像樹葉般強烈搖晃，魚群則會翻著白肚、浮於海面。此時，許多近一公尺深的魚兒浮出海面，我們便跳進海裡撈魚。此一大樂事持續了半年之久。這段期間，我們每天都有魚吃。三月底掃完雷後進行復員，終於可以回到闊別已久的故鄉。

（八）自謀生活：新港農耕組

第二艇隊搭乘員坂本辰夫回憶道（頁二〇七）：一九四五年（昭和二十年）九月底，因為沒船，所以大家猜測，要到昭和三十年左右，才可能回日本。在此之前，只好先在臺灣自謀生活[40]。部隊集結於海兵團之後分成兩個方向，其中一半前往臺灣中部的竹山自謀生活，另一半去嘉義的新港。我們部隊約有一百人分配到新港組，並有其他部隊的人加入，因此新港組總人數約一百五十到一百六十人。

新港當地有糖廠的建築物及很大一片甘蔗田。全體人員開始整地後，種下了白菜、蘿蔔、空心菜，這些作物長得很快，一下子就發芽、長出兩片葉子，然後長成綠油油的一大片。芋頭的話，因為和日本的種法不同，所以就沒有種。

在那裡，還有向井、東本、船野飛曹等多位搭乘員。我因出身農業學校，才擔任計畫和指導。那裡還有一匹可供騎乘的馬，早晚可騎著牠四處巡視田地。一個半月後，我似乎因罹患瘧疾與赤痢而被緊急送往高雄海軍醫院住院，沒辦法再看著作物長大。此後到復員遣返前，我都在和病魔纏鬥，體重瘦到只剩三十六公斤。

第一艇隊搭乘員三谷時雄在回憶錄中（頁二〇八）寫道：

一九四五年（昭和二十年）十月初，往竹山方面的一班已經離開左營了。很快地，我們也搭乘卡車告別左營，到新港展開自謀生活。

整片甘蔗田採收完畢後只剩蔗根。雖說是南國地方，但也感覺得到秋大的氛圍。這裡分為兩班，其中一班在宿舍周圍種植蔬菜，另一班則在蔗根周圍鬆土，以幫助蔗根再次發芽成長。隊員們藉此賺取工資，以採購鮮食和糧食。在這裡，總共約有一百五十至一百六十人，但甘蔗班的人數較多。我因為是農業學校畢業，所以負責種植蔬菜，栽種的種類包括：蘿蔔、白菜、空心菜，且因為缺乏肥料所以還使用了下肥（人糞尿）。相較於內地，此地陽光、雨水都很充足，作物的生長也快得出乎意料之外。以前在震洋隊，往往都是夜間作業，但現在是白天作業，日子過得很單純。工作結束後的晚上，會馬上前往汽油桶做成的浴桶，泡個「露天風呂」：一面仰望滿天星空，一面流汗。晚

終戰後，震洋隊隊員被分派到竹山、新港砍竹子、種菜「自活」。（插畫：林家棟）

餐之後，則和五、六名同事遠征三、四公里之外的北港街市。此時，所謂自警團（三民主義青年團）在北港街的出入口附近設有駐在所，因為和我們很友好，所以見面時都會打個招呼、聊上幾句。原先以為，要十年後才能遣返日本，沒想到竟能提前遣返，因此，在新港的日子僅剩兩個月左右。接近年底時，我們又回去左營海兵團，等著遣返故鄉日本。

（九）竹山自活的回憶

第三艇隊搭乘員楠木喜代治在回憶錄中（頁二七三—二七五）寫道：

終戰後，難過持續了幾天而已。為了活下去，大家還是得工作才行。一半以上的部隊隊員從左營的營舍移動到竹山去自食其力。我則被分配到糖廠擔任作業員：每天帶著飯盒便當去工作。但不知為什麼，複雜的情緒讓人無法投入作業，因而只是被動地進行分配到的工作而已，十足像個機器人。某次放假因為下雨，讓人心情憂鬱，因此跟戰友相約看電影。上映中的電影配音是臺語，所以不了解意思，只能看著畫面猜想臺詞，相當無趣。此時，有人突然叫了聲：「阿兵哥」，順著聲音，我發現講話的人是隔壁一位年約十七、八歲的本島人女生。她看著我們，在我們耳邊輕輕說道：「你們聽不懂臺詞吧？」然後，用流利的日語翻譯給我們聽。就在看完電影、道謝完、正要分別時，那個女生又說：「阿兵哥，你們請過來一下。」她的話語彷彿施了魔法般，我們三人就這樣不發一語地跟在她後面。

接著，她來到一間玻璃房舍前，敲了敲門後，一位年約五十歲、笑臉略胖的中年婦女走了出來，將我們與她迎接到客廳去。然後，大家開始熱絡地談話，大致的內容是：這個女生小時候來竹山當別人的養女，名叫徐任妹。這間官舍為警察官舍，而中年伯母則是佐賀縣出身，名叫森千枝子。她名為正的兒子跟我同年。當時，因為在內地當飛行學徒而進軍隊。同房舍裡還有一位名叫波津久周子（かねこ）的女生，先生被派到南方，她有個四歲的女兒及兩歲的兒子。這天起，放假時我常到那裡去，熱衷地談論內地的事，那種感覺，就好像忘了時間流逝，回到父母身旁一樣。

有一天，徐任妹提議去拍照，於是請了照相館的人過來拍攝紀念照。伯母們跟她，化了很有女人味的妝，在屋內的庭院拍照。那張照片是我的寶物，如今還收藏在相本中。那張照片上，有任妹、森、波津久、兩個孩子及看護科的佐藤明治、基地隊的中本一三和我，而她就站在我的旁邊。在竹山的短期相聚，撫慰了終戰之後，我們崩潰的情緒。終戰之後，我們這群特攻隊員宛如雞蛋般地被丟在路上，什麼都不能做，好在遇到了能引導我們的女生，在我眼中，她不是一個普通的女生。離開竹山時，我沒有什麼可以送給森伯母，於是取下手錶送給了她，邊鼓勵彼此，回日本前都要好好加油，邊壓抑著婆娑的淚眼與大家道別。

剛回到高雄、落腳海兵團的營舍時，收到了一封信。收信人確實寫我的名字，背面則確切地寫著小小的「徐任妹　寄」。我一度為此覺得懷念與不安。由於是三十年前的事，如今記得已不是很清楚，不過信上大致提了一下竹山的森與波津久的情況，接著寫道：「我在鄉下太沒希望了，我要去高雄努力工作。」彷彿即將離開竹山的女孩，溫柔地振筆疾書。當時的我，心中滿溢著即將回國的喜悅，沒能考慮那個女生的想法，如今想來極為不安與後悔。當時的她，應該是想跟我討論此後該如何是好吧？直到坐上回國的復員船，我仍掛念著，不知她會不會跑來跟我見面；雖然想再次見面，但終究是落空了。最後，我離開高雄，回到祖國日本，而與她心連心的友情，則化為難忘的回憶。

（十）薄隊長的終戰紀事

戰爭末期，海軍內部的情報評估，北部深澳海灣也可能是美軍登陸臺灣的地點之一，遂在目前新北市瑞芳區的萬瑞快速道路引道旁挖掘山洞，另外構築轉進秘密基地。薄部隊也接到了轉進指令。終戰當天，薄隊長剛好在深澳的轉進預備基地作準備。以下是回憶錄中，他對終戰時及終戰後各種狀況的記錄（頁一八九—一九八）：

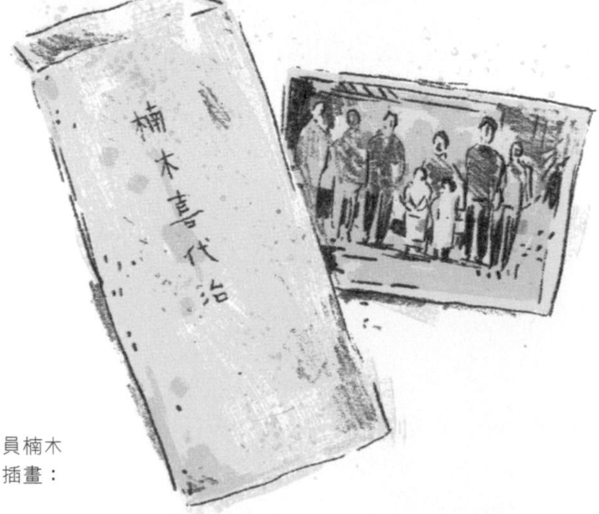

竹山徐任妹的信與照片，是搭乘員楠木喜代治一生最珍貴的紀念物。（插畫：林家棟）

一九四五年（昭和二十年）八月十五日那天，我人在轉進預定地的深澳，並為了後續聯絡而連夜搭火車，在清晨時抵達左營。因為身體不舒服，請人在部隊長室裡幫我按摩肩頸。這時，司令部傳來了部隊長集合的命令。記得當時是在竹內部隊軍官室集合，而當不知是山口水雷參謀，還是永井部隊長宣布終戰詔書已經發表的要旨後，我感到相當震憾且難以置信，心底某處同時油然產生一股異樣的安心感，當下的心情實在是百感交集。

我立刻命令全體隊員在練兵場集合，傳達終戰的事實，並要求隊員自重與嚴守規律，不久後，我因瘧疾發作而病倒，高燒四十度，因而神智不清，想法錯亂，頻頻想到，我應該和帝國海軍共存亡。山口水雷參謀及荻野軍醫上尉及其他部隊長都來慰問我，要我善自珍重。此時，僅聽說有一、兩名臺灣海軍部隊隊員自殺。

病癒後，我因為戰敗而自暴自棄，於是拿槍亂試射，還拿出要交接的軍刀來試試鋒利度，然後在海軍設施部裡的集會所舉行辦才藝表演會，盡情玩樂一番。此外，胯下甚至長出了猶如沾上白棉般的陰蝨，大概是當時行為不檢點所導致。如今看來或許是件能拿來當笑話的趣事，但在當時，對一般民眾來說，這樣的事情卻有損海軍顏面，不能不加以注意。一想起年輕時性格純真又木訥的我居然也會變這樣，也不由得苦笑。

■在第一九〇號驅潛艇的日子

一九四五年（昭和二十年）十月，不知是司令部或警備隊副隊長的點子，「要找些事讓我們這些年輕軍官來做。」所以，我和後藤上尉兩人，便用兩艘驅潛特務艇（木造，約一百噸），對四期預備學生進行海上教育。我和二村兵曹、上運天水長兩人，一同乘坐一九〇號船。後來，後藤上尉調到終戰聯絡部，我則指揮七十四號及一九〇號兩艘船清除水雷。此時，我與後藤上尉住進了西子灣附近的「江之島俱樂部」宿舍，因為其前身為料理店，導致我們每晚被臭蟲咬得苦不堪言。不過，傳令兵從路邊攤買回來的米粉和類似「碁子麵」（きしめん：寬薄的日本麵）的拉麵，好吃得不得了，至今仍難以忘懷。

不久，中國海軍進駐。他們身穿單薄的卡其色軍服，著布鞋、紮綁腿，揹著油紙傘，並在扁擔上吊著鍋灶，就像很久以前，在「少年俱樂部」漫畫上看到的那樣。會被這種軍隊打敗，簡直不可置信！某日，我負責一九〇號船艦的運輸任務，載運中國兵赴馬公時，對翻譯員說：「全員登艇完畢後，向我報告。」那名中國的年輕隊長，聽到後勃然大怒，還揮舞著手槍。我覺得莫名其妙、目瞪口呆，但仔細一想，肯定對方是認為「分明只是個戰敗者，還敢說什麼報告」，才會如此生氣吧。

前身為料理店的「江之島俱樂部」宿舍。右圖為目前位於哨船頭蓮海路的原位置對照景觀。（圖片來源：《鞠園》文史與集郵論壇）

一到馬公，全船的中國兵都暈船了。船艙內到處都是嘔吐物，清掃非常麻煩。而且隊長的夫人也有同行。航海時，有兩名校級軍官的參謀上到艦橋，起初用簡單的英語勉強可以溝通，但對方的英語比我高明多了，很快地，我已經呈現一知半解的狀態。後來改用漢語筆談，事情就容易解決了。航海時，我們都以假餌釣魚取樂，有時還釣到鯖魚和大型鬼頭刀，實在是爽快極了。

有一次，一九〇號驅潛艇停泊在高雄港碼頭時，忘記將排擋桿扳到「倒車預備」的位置，以致驅潛艇停不下來，撞上水上警察隊警備艇的舷側。驅潛艇的資深下士因而被抓去當人質。半夜，資深下士破壞拘留所、逃回艇上，真是個身經百戰的無賴下士。很快地，我們取下軍用乾糧罐的馬口鐵，貼在警備艇舷側的破損處，然後塗上油漆、以為偽裝，然後假裝毫不知情，立即返回左營軍港。此事最後不了了之，但也算終戰時的混亂吧！

■南部船舶修理部

由於遣返的船舶不足，激起我們動手打撈日本沉船，加以修理為遣送船的動力，因而成立「南部船舶修理部」，並由海軍施設部、燃料廠等技術軍官為主要成員，再以商港碼頭上的日本水產倉庫為基地。

我在一九四五年（昭和二十年）十二月，又被轉調到此單位，成為打

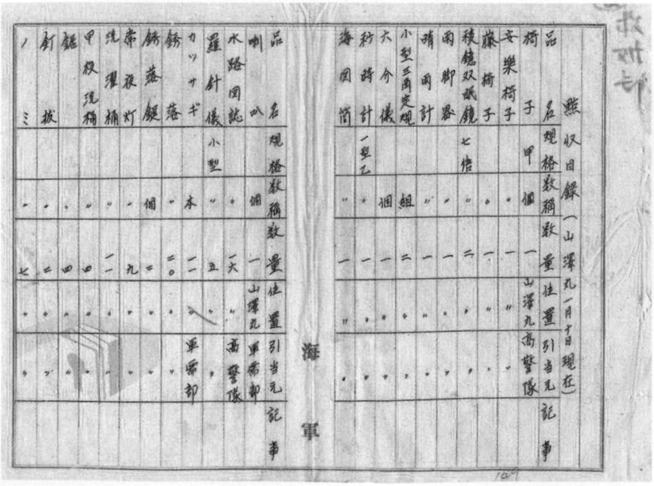

點収目錄（山澤丸一月十日現在）

品名	規格	數稱	數量	位置	引当先	記事
椅子	甲	個	一	山澤丸	高警隊	
安樂椅子		〃	一	〃	〃	
藤椅子		〃	一	〃	〃	
稜鏡双眼鏡	七倍	〃	二	〃	〃	
兩脚器		〃	一	〃	〃	
晴雨計		〃	一	〃	〃	
小型三角定規		組	二	〃	〃	
大分儀		個	一	〃	〃	
秒時計	一型乙	〃	一	〃	〃	
海図筒		〃	一	〃	〃	

海軍

品名	規格	數稱	數量	位置	引当先	記事
喇叭		個	一	山澤丸	軍需部	
水路図誌		〃	一大	〃	高警隊	
羅針儀	小型	〃	五	〃	〃	
カッサギ		本	一一	[illegible]	軍需部	
錆落		〃	二〇	〃	〃	
錆落鎚		個	二	〃	〃	
常夜灯		〃	九	〃	〃	
洗濯桶		〃	一一	〃	〃	
甲板洗桶		〃	四	〃	〃	
鋸		〃	四	〃	〃	
釘拔		〃	二	〃	〃	
ノミ		〃	七	〃	〃	

左右頁圖：南部船舶修理部與山澤丸的檔案文獻。（圖片來源：郭吉清）

撈貨輪山澤丸號（六千噸）的作業指揮官，並計畫在修好船隻後，以一等航海士的身分搭船回到內地。我到任後一看，確實有七十名打撈作業員，而看到薄部隊的山本、嶋崎、大野、安部鑛等諸君也在裡頭，感到非常溫馨且充滿信心。但不久後，由於美軍船舶的幫助，開始了復員輸送，於是打撈作業終止。除了留下部分保安人員外，其他人都回到原來的部隊待命。我則以打撈山澤丸指揮官的身份，決心留下來。

一名帶領一個小部隊的中國海軍中尉，進駐隔壁的日本水產所，似乎是來監督我們的，但卻常常故意製造麻煩，令人不快。語言不通是最大原因，但他們卻因為一些雞毛蒜皮的小事，就把我們的士兵雙手反綁帶走，還要我低聲下氣地領回。他們下令，日本兵夜間禁止外出，不假外出者若被中國軍抓到，就移送拘留所。因此，我常低聲下氣地前往領回我們的人。這名年輕中國軍官的囂張態度，令人非常生氣。

此時，因為碼頭上釣得到大鱸魚，所以軍官室全體都有生魚片可吃。此外，每次用餐時，白飯上面都一片黑，原來是一群蒼蠅，導致我只好邊吃邊用筷子趕蒼蠅。

■搭乘「自由號」復員，在宇品港登陸

一九四六年（昭和二十一年）三月中旬，我在往來高雄商港與左營

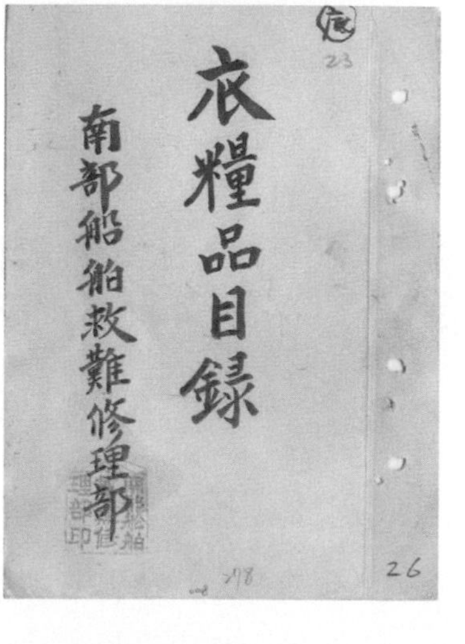

薄隊長復員、返日時搭乘的自由號輪船，正停靠於光榮碼頭。（圖片來源：林育如）

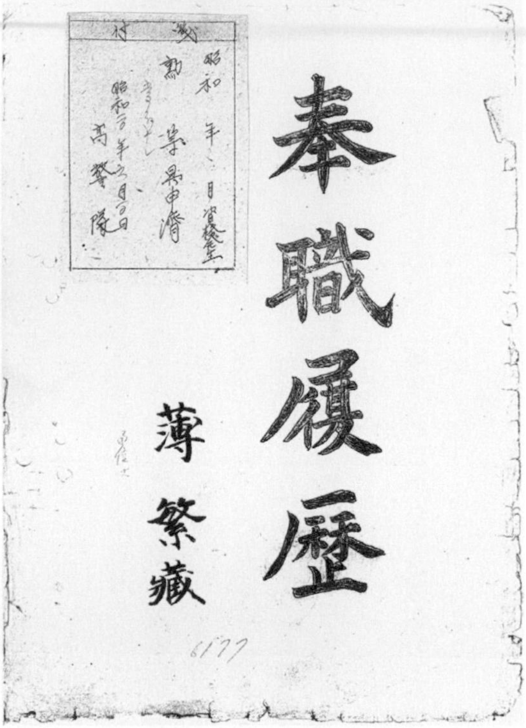

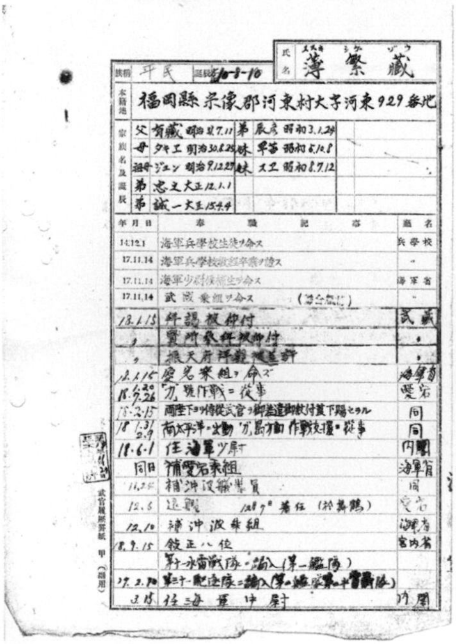

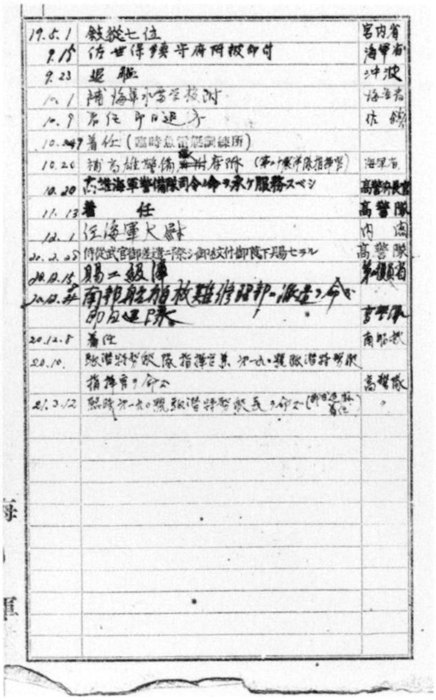

薄隊長的任官履歷表（圖片來源：大賀誠治）

港時聽說，我們薄部隊為了待命遣返，集結於高雄碼頭的砂糖倉庫。我因而跑去與他們會面。能與懷念的同僚相見的確讓人高興，也祈求他們平安復員。我還同時拜訪了也在碼頭救難修理部，山澤丸的日高兵曹，他說：「資深軍官在時還好，但如今情勢變了，上下級的區別也淡了，下級變得囂張起來。所以我想，要是能和艇長一起離開那就太好了。」他的一番話讓我印象深刻，並深感：若上位者不能以身作則，領導必將亂成一團。

意外地，復員的步調快了起來。薄部隊出發復員後不久，我也在四月初，搭乘著美國輪船「自由號」，從高雄商港出發，並於四月八日登陸廣島的宇品港。早晨的寒意令人直打哆嗦，而物價與折騰的生活則令人嚇破膽。接著，我搭乘火車抵達故鄉鹿兒島本線上的福間車站。與隊員一起坐車時，被稱作艇長很威風，行李也有人代勞。但一腳踩上月台後，就成了孤零零的一個人，並深感：現在的我，不再是上尉薄繁藏了。失去海軍組織的庇蔭後，我成了無力孤獨的老百姓。救難部的部屬為我製作的大背包著實累人。下火車後，接著再搭四公里燒木炭的客運車，終於抵達津屋崎町的大賀家，並與自朝鮮遣返的八名家人與叔叔家人，共二十多人相會。對於能夠平安再聚，大家都深感欣慰。但一無所有的遣返者，沒有財產也沒有職業，而為了吃飯與生活，淒風苦雨的奮鬥才要開始。做黑市、製鹽與沿街叫賣等都極其辛苦，最後，終於在製作麵包的工作中安定了下來。

薄隊長復員、回到福岡的故鄉後，經營起麵包蛋糕業。十多年後，他有了自己的工廠與直營店。（圖片來源：大賀誠治）

1977 年 9 月，薄隊長（前排右四）與薄會戰友回左營憶舊，並合影於蓮池潭春秋閣前。（圖片來源：《回想薄部隊》）

1997 年 10 月 19 日，薄會戰友回到左營西自助新村的營區憶舊，並合影於神社參道的階梯前面。（圖片來源：《回想薄部隊》）

1997 年 10 月 19 日，薄會戰友在西子灣沙灘設案祭拜戰死同袍。（圖片來源：《回想薄部隊》）

chapter 5

第五章

歷史見證者——第二十一震洋隊臺籍隊員陳金村

一、重返左營震洋特攻隊舊地

二〇一五年四月二十八日，八十八歲的陳金村一大早就從新北市中和區的住處出發，在公共電視台外景隊的帶領下，搭上高鐵，準備南下高雄，此行的目的地，正是七十年前，他當兵的地點——左營。這也是他離開左營後首次重返舊地。他在車上說著：「那時，大家歡送著滿腔熱血的我。七十年後的今天，又回到部隊，這次心情真的不一樣，感慨萬千啦……。」身上帶著軍中朋友的泛黃照片，他說：「這位戰友是出身九州的中尉，去年報銷了。」列車以三百公里的時速往南飛馳，窗外景物因車速太快而顯得有些模糊。這也讓他想起，七十年前，日本宣布投降，而部隊也在終戰那年的九月中旬解散。解除武裝的日本兵，恢復為平民的身份，並在等待運輸船遣返回國的期間，各自到臺灣各地打工「自活」，賺取生活費。臺灣兵則於九月中旬之後，自行歸鄉。當時，他自部隊領了六百圓遣散費後，從舊城火車站，搭著慢車回到苗栗老家。七十年後，因為公共電視台要製作二戰及光復七十週年的紀錄片，陳金村才因而有了重返服役舊地的機會。

四月二十八日晚上，作者群在飯店大廳與陳金村見面。為了研究埤子頭震洋隊，連續數月以來，常打電話請教他；因為從電話中聽見他宏亮有力的聲音，便臆測其為一名高大的長者。見了面後，果不其然，身高一米八的他身形挺拔，雙目炯炯，面色紅潤，完全看不出已年近

2016 年 11 月 5 日，高齡 89 歲的陳金村先生（圖左一），蒞臨高雄市戰和館舉辦的「紀念臺籍老兵」秋祭典禮活動。（攝影：郭吉清）

九十歲，不愧是特種攻擊隊出身。

隔天一早，車子緩緩駛過舊城南門。這時，陳金村激動地認出了基地附近的舊城門。進入西自助新村後，他很快地便在眷村拆除後的空地上認出部隊過去的所在位置。他說：「這邊很像了，這個方向就對了，龍眼樹……生活、睡覺、吃住都在這裡，寢室就在牆的那一邊。」原來，自助新村活動中心的芒果樹林，就是七十年前，第二十一震洋隊的駐紮營地。他有些顫抖地四處走動，來回張望；在看到樹林、防空壕時，他的眼角已經濕潤。「目前看到的芒果樹，就是七十年前的老欉，當年樹幹比較細，輕輕一搖，成熟的金黃色芒果就會掉滿地。」當時，他們幾乎天天吃芒果，連流出的汗都把白色的內衣染黃了。陳金村撿起地上的土芒果，小心撥開果皮，大口咀嚼，不停讚嘆道：「歐依西！歐依西！真好吃，這是七十幾年前的回憶。真好，真慶幸自己現在還活著。今天能回到這裡，是我一生中最重要的時刻。」接著，他雙眼濡濕，淚流不止。

我們很快地進到防空壕裡。目前，西自助新村共留下十七座震洋隊的防空壕，不過，今天走進的這座，卻不屬於第二十一震洋隊。雖然有些遲疑，陳金村仍說，防空壕內部的形狀與他們的完全一樣。晚上，他們會進來和大家一起吃消夜。「那時候的防空壕內部有小燈泡照明，但因為怕美軍的飛機發現，所以作了一些遮掩。」他解釋道。此外，

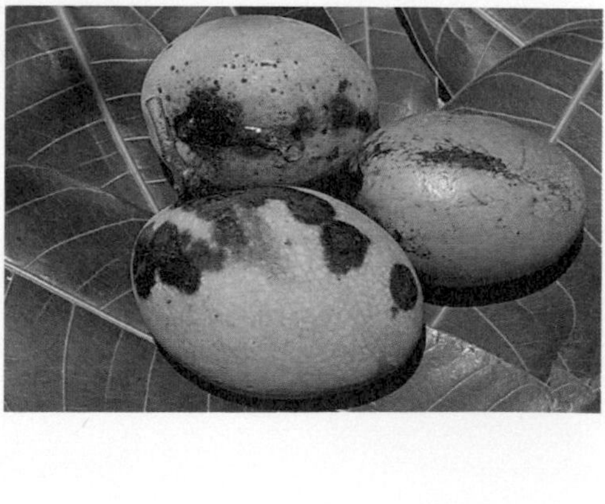

再次品嚐 70 年前的土芒果滋味時，陳金村感傷地流下淚來。（攝影：郭吉清）

陳金村也認出，防空壕附近的龍眼樹與血桐樹就是當年看到的樹種，也因為整個基地上滿滿都是樹，美軍飛機才看不到樹下的部隊營舍。

之後，我們登上「震洋神社」的參道階梯；由於階梯極陡，陳金村格外小心地往上爬。看到神社的手水缽與主殿基座時，他十分驚訝地說道：「當時沒爬到城牆上，根本不知道這裡還有一座神社。」事實上，「震洋神社」由第二十震洋隊薄部隊所建，應為他們的專用神社。另外，或因部隊的訓練繁忙，臺籍兵才無暇瞭解營區的整體部署。因此，陳金村才會不知道這座神社的存在。從城牆高處向南望去，我們請他回憶：「對遠處的山形有無印象？」他說，印象最深刻的是美軍轟炸軍港時，引起的山上油庫大爆炸。因為溫度很高，他們接連幾天都不敢靠近。平常的日子裡，他們多在早上八點用完早餐後就坐上車子，沿山邊的道路開往海邊的格納壕，接著開始保養小艇；下午約四、五點時，再返回營區吃晚餐。天黑後再回到格納壕，進行夜間的海上操練。

左營震洋隊是日本在臺灣配置之最大的震洋隊基地。此處與其他基地不同的是，部隊營舍距離「格納壕」約三公里遠。這次，電視台為了拍攝「格納壕」的實景，向海軍總部申請進入軍事管制區；在經過繁複的審查程序後，拍攝團隊與陳金村才得以進入管制區。同時，這也是桃子園海邊的「格納壕」首次准許媒體進入拍攝。四月二十九日

陳金村說，當年他沒到城牆上面，所以不知道這裡還有座震洋神社。（圖片來源：舊城文化協會）

七十年後，陳金村首次重返震洋隊營區。位於自助社區活動中心後面的芒果林，是他當年的部隊營舍所在。（圖片來源：舊城文化協會）

早上十點，我們一行人在軍方人員帶領下，進入桃子園管制區，由於當時桃子園海邊正在進行實彈射擊，我們只得繞至內惟及中山大學的道路，才能到達萬象館。早上十一點時，我們來到「萬象館」的管制區海邊。「萬象館」其實就是日治時期的「水射堡」，設有水下聽音所與魚雷發射台座。國民政府來臺初期名為「海昌艇隊」基地的「海昌營區」。沿著海岸礁石往南攀走了約四百公尺後，終於，我們在十一點半抵達第一個「格納壕」。因為日正當中，加上礁石銳利、崎嶇難行，隊伍中有人累得幾近虛脱；好在有軍方人員的協助，才得以順利抵達。然而，八十八歲的陳金村，畢竟出身嚴格訓練的震洋隊，他一路攀爬，不太需要旁人的扶助，便安然到達目的地。

團隊所拍攝的這兩座格納壕，過去為第二十九隊永井部隊所用。陳金村説，他們的格納壕應在更北邊。七十年後重返海邊舊地，他熱淚盈眶、感慨萬千道：「這裡和永井部隊的格納壕裡面都一樣，整個形狀都沒變，只是壞掉了，有鐵條跑出來。其他都沒變。地上有兩條軌道與鐵道，鐵道通往裡頭。裡面其實還很深，可以容納數十艘震洋艇。每次出來時，我們會將震洋艇疊好放上台車。一輛台車可以載運一艘震洋艇。」從格納壕向外、望向海平面時，他舉平雙手、指向海面説道：「震洋艇瞄準海面的目標，心裡想著這是有價值的，大家就都往前衝了！像人肉炸彈般往前衝……。」「八十八歲的我，能在七十年後的今天回到這裡，真是人生中最大的希望，也可以説，是最後一次

陳金村在公共電視台帶領下，參與壽山格納壕內紀錄片的製作。（攝影：郭吉清）

陳金村在公共電視台帶領下，參與壽山格納壕內紀錄片的製作。（攝影：郭吉清）

了……。」回想七十年前，十八歲的他每天跟著日本搭乘員、整備隊員到海邊操練；當時擔任機關兵的他，就坐在搭乘員後面，負責排除震洋艇的故障。每組震洋艇有六艘船，自「格納壕」的鐵軌推到海中，並在海上衝馳操演。每天的操練都在天黑後開始，並在約晚上九點時返回營地。所幸美軍沒有從左營軍港登陸。最後，他們也沒真的上戰場，戰爭就結束了。

陳金村是第二十一震洋隊竹內部隊的機關兵，以下是他接受陳柏棕與范綱倫[41]訪問時論及的故事與回憶。因為陳金村隸屬於左營埤子頭震洋隊，也是臺灣現存最重要的見證人。為了維持敘事的真實性，僅將原文稍微整理與縮短，並無添加其他註解與內容。

二、回想自願當兵的十八歲

陳金村先生，一九二八年（昭和三年）生於苗栗通霄，十四歲時考取大甲的清水中學。註冊前夕，在役場擔任科長的哥哥要他去當公務員，他於是前往擔任「部落書記」，職務內容相當於現在的「里幹事」。

擔任部落書記期間，陳金村負責協助推廣兵役業務，也就是：推薦村民擔任志願兵。當時大部分的臺灣人不會選擇去當志願兵，除非逼

北壽山格納壕現存的鐵軌
（攝影：廖德宗）

不得已。擔任志願兵者，多選擇海軍。因為若不志願當海軍，遲早會被陸軍徵召。學生時代的他，在看到海軍一身漂亮的軍服後羨慕不已；於是便在第一期海軍志願兵招募時就填寫了自願書。後來，由於中學沒畢業，所以沒去參加徵選。但在工作了六、七個月後，他還是決定去當志願兵；於是便邀了幾個朋友，在快過年時報名新竹州的海軍志願役。但由於徵兵年齡為二十歲，所以當時十七歲的他根本還不到徵召的年紀，因而可說是自討苦吃。填完志願書後，他接著前往體檢與考試，筆試內容與學校的考試科目差不多。一、兩個月後，他收到了「第五期機關兵」的錄取通知。

三、左營海兵團的魔鬼訓練

陳金村說，一九四五年二月時，第五期海軍志願兵原先預計前往訓練所訓練，但因戰事吃緊，改為直接進入海兵團。進海兵團後，按水兵、衛生兵、主計兵、工作兵、機關兵、整備兵等兵種分開訓練。機關兵即是現在的輪機兵，人數較少，僅六班，總人數約六、七十人。剛受訓時，大家還自信滿滿地覺得，當海軍不錯，卻沒想到，海軍的魔鬼訓練比陸軍還辛苦，任何訓練都令人吃不消；尤其作息非常緊迫、精神壓力繁重，且不管做任何事都得用跑的，不能慢慢走。由於過去在家裡面沒經歷過這種生活，大家每天睡覺時都在哭。

訓練開始時，所有人都在海兵團受訓。後來，空襲越來越嚴重，便開始進行「疏開」（疏散）。工作兵、水兵、衛生兵及主計兵疏散到大岡山、小岡山，而機關兵因為只有一個分隊，所以沒跟著過去，一直留在左營海兵團。

日本海軍最重、最嚴的體罰是用「精神棒」打屁股。此棒狀似球棒，且受訓時都是團體制裁，因而每個人多少都吃過棒子的滋味。划船訓練時，長官會拿綁船用、提起來會發出「嘎嘎」聲的打結粗繩來打屁股。此外，也打隊員的下顎。體罰前，會叫你兩腳打開、站好、緊閉牙齒，接著問說：「好了沒？」回答說：「好。」後，便「碰！」地一拳打下去。上下顎沒咬緊者，牙齒會被打落。此外，海軍不打巴掌，而以彈耳或手掌壓鼻、使被罰者用力扭叫的「關保險」代替。冬天天冷時，這種體罰尤令人痛得直流眼淚。平常訓練時，槍若沒拿好，班長就會用槍柄打屁股。新兵訓練時過得特別苦，受訓時很多人自殺，逃兵也不少；但逃出去者，第二天清晨就會在岡山被抓到。回來後，會先用棒子打個半死、甚至昏厥過去。但昏過去後，則會潑水、弄醒逃兵後繼續打，並在體罰結束後送去關禁閉。

有一次，陳金村嘴饞想吃麻糬。當時海兵團的圍牆邊，有不少賣麻糬、糖果的小販。於是，他便把配給來洗衣的肥皂，拿去與小販換了一包麻糬回來，沒想到吃麻糬時被發現了。部隊集合時，長官要他站

高雄海兵團為日治時期海軍規模最大的新訓中心。陳金村於此受訓的三個月內，受盡折磨。（圖片來源：舊城文化協會）

在所有人面前，將兩個麻糬一次塞入口中，然後再被丟（處罰）了兩支棒子。

疏散到大岡山的主計分隊，某次發生了嚴重的意外，導致數十人喪生。這次事件被稱為「五甲尾事件」。起先，他們要來海兵團借步槍，但步槍已先一步送過去了，導致他們半途折返；但大概是走累了，大家在樹林裡解散休息時，有個頑皮的隊員看到一顆未爆彈，因為覺得很漂亮，便將炸彈舉起來。此時，突然有人高喊：「危險！」他聽了便將炸彈隨手一丟，炸彈也就此「砰！」地引爆。陳金村的小學同學，第五期主計兵的呂豐村便因此而喪命。

在海兵團受訓三個月後，其他兵種提前結訓，機關兵則留了下來。隨後，機關兵轉至（東）海兵團，也就是當今的海軍官校所在地，繼續為期一個月，關於輪機引擎維修、保養的訓練。機關兵在海兵團一共受訓了四個月。當時，只有一個海兵團，無東、西之分，僅是把營區分散為東、西兩邊而已。西邊的營區離軍港較近，東邊的營區則蓋在坡地上。在海兵團時，歷經新曆、舊曆兩個過年。新曆元旦時休假一天，但沒回家；舊曆年時則沒有休息。自海兵團結訓時，已是年後的事了，約在一九四五年的四到五月之間；結訓後放假回家，五天後再回來報到。下次回家，則是在終戰之後。

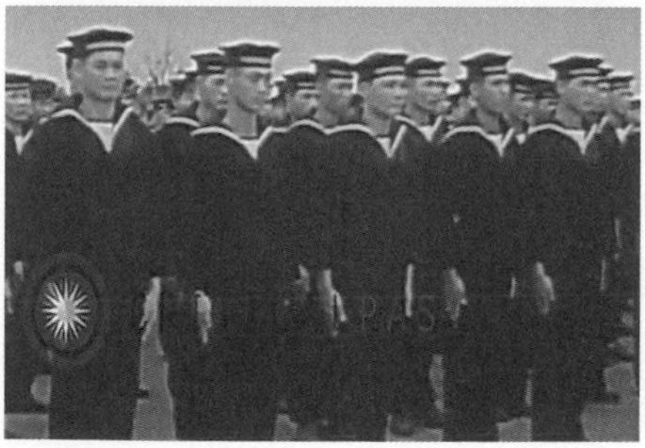

四、分發前往竹內部隊——第二十一震洋隊

陳金村說，結訓後，每個人按成績分發到各部隊服役。水兵多派往陸戰隊，工作兵派到施設部[42]構築陣地，陳金村則被派到水上特攻隊。因為震洋隊剛好在他們結訓時成立，所以臺籍兵之中，僅第五期被派至震洋隊。派至震洋隊者，主要是由訓練單位海兵團依專長挑選和指派，比如：機關兵負責輪機，還有少數幾名專職烹飪的主計兵。

名為「竹內部隊」的第二十一震洋隊屬震洋特攻隊中的一支。一般部隊的人數多有千人左右，但竹內部隊為特攻部隊，所以編制較小，四個艇隊加起來也才百餘人。隊上只有四名臺灣人，而部隊的營舍位在左營郊區的南門旁邊，四周全是芒果園，且沒有老百姓居住。位於芒果園裡的營舍旁，種著多棵芒果樹，只要抱著樹幹搖一搖，芒果就會劈哩啪啦地掉滿地。從地上拾起這些果實享用時，只要一流汗，就會把整件白色汗衫染成黃色。當兵時，陳金村幾乎天天吃芒果。

他還說，像他們這種小部隊，特色就是：看不出這是一個部隊組織。不僅營舍大門為木頭搭建的小門框，四周圍牆也以木頭圍成，就連營房也與一般的部隊不一樣，為臨時搭建的長方形木造房舍，類似現在常見的小木屋。營房裡，有榻榻米通鋪，槍械則放在房內的槍架上。除了部隊長有獨立的辦公室外，其他隊員十人住一棟，一起睡在榻榻

米的大通鋪上。營舍中，共有七、八棟木屋，另外還有浴室與餐廳等獨立的公共空間。大家在非工作時間時，就在營舍裡起居活動。

五、格納壕與工作分配

訓練基地位於壽山海邊的格納壕山洞內，與營舍有段距離，走路得花上二、三十分鐘。岩石絕壁之下，開鑿了很深的格納壕，洞裡還裝上小燈。山洞的壁體為原來的山壁岩石，洞中並無取水裝置或水井。地上鋪設臺糖台車專用的鐵軌，自洞裡延伸至洞外、海灘，然後通到海裡。山洞與海邊僅相隔百米左右，所以鐵軌其實不長。每天晚上，這些海邊的格納壕都由海軍警備隊的衛兵站哨、看守著。

那時候，整座壽山都是中空的，這些山洞也四通八達，且倉庫、彈藥庫等設施一應俱全。自停放震洋艇的格納壕再往裡走，便可抵達海軍指揮部管理的倉庫。倉庫的壁體不同於格納壕，為水泥砌成、木頭隔間，並存放了相當多的糧食。比如：一打開就可即時享用的牛肉罐頭、魚罐頭，及一支支還沒削成薄片的柴魚、白米、砂糖等物資，全部裝箱堆滿了整座倉庫。另外，格納壕的岩壁上也有山洞，而海軍指揮部就位於壽山山頂的洞裡；早在部隊成立之前，這些山洞便已開鑿完畢。

陳金村說，當時，壽山海邊的岩壁下有多個格納壕。除了第二十一震洋隊之外，其餘像是栗原部隊——第三十一震洋隊、薄部隊——第二十震洋隊等，三、四個震洋隊都在附近。各部隊的格納壕彼此間隔一段距離，每個部隊都有兩個洞，一個格納壕約可容納兩艇隊，所以兩個山洞就有四艇隊，每艇隊有十人左右。隊員中，最主要者為駕駛員。他們穿著飛行服、袖臂上繡著臂章，是負責駕船攻擊的航空兵。竹內隊長為航空兵出生的中尉軍官，當時二十多歲的他，年紀輕輕、長相好看。其他航空兵也都非常年輕，都二十來歲左右。除了航空兵以外，部隊裡第二重要的則屬機關兵組成的整備班，他們其實就是震洋艇的維修班，平時與航空兵一同參與攻擊訓練。

整備班只有一班，班上十人，班長為日本人，全隊僅他一人留鬍子。當時三十多歲的班長，年紀比部隊長還大。整備班的臺籍兵年僅十八、九歲，為全部隊最年輕。當時的部隊配有一輛翹屁股、發動後會發出「碰碰」聲的データスン（Datsun）吉普車。負責維修震洋艇的整備班待遇比較特別，平常都乘著吉普車到基地工作。另外，還有十人左右、專門在營舍站哨的警衛班，他們每人輪流站哨兩小時。最後，主計兵負責煮飯，衛生兵則派駐一到兩人到醫護室幫忙敷藥；但罹患大病者，仍得到海軍醫院進行救治。

海軍指揮部倉庫堆滿牛肉、魚罐頭，柴魚、米、糖等食物。（插畫：林家棟）

六、震洋艇的構造與整備

陳金村說，臺灣並無生產震洋艇，全部都是從日本運過來。船艇的構造簡單，船殼由特製的三夾板製成，既薄且輕，長約六公尺、寬約兩公尺，連現在的小型遊艇都比它大。船艇前端，裝置了兩百五十公斤的炸藥，後方則裝有七十五馬力的豐田引擎。引擎內有濾心器，因為活塞吸油、所以將液體轉成氣體時會混到空氣，於是便利用引擎的濾心器過濾雜質，以免引擎變髒。氣體經過壓縮後，經配電盤燃燒，以驅動引擎。引擎後面是駕駛座，其構造類似飛機駕駛座，配有鐵製的面板與汽車方向盤。方向盤中間有個以兩條鋼絲固定的輪子，連結到艇後的方向舵與風葉。風葉轉動起來時，震洋艇就能隨之前進與後退。方向盤右側為引擎開關，按下後即可發動。上方是羅盤，方向盤左側的推桿為加油裝置（手動油門）。震洋艇的側邊有個會噴水的小孔，用以冷卻引擎。一般引擎以水箱循環，但震洋艇在避免引擎過熱時，是直接吸入海水，待引擎冷卻才將海水排出。

因震洋艇用來對付大船，出擊時直接衝撞引爆，因此除了炸藥以外，並無裝設機槍或其他武器。震洋艇內的炸藥箱是與船體分離的，裝好後就不再取出，訓練時也是一樣。由於引擎與炸藥裝在前面，所以當其停在水面上時，重心會前傾，但啟動推進器後，重心就會在後面，像快艇一樣。

過去臺糖運送甘蔗的四輪鐵製五分台車重達數噸，上頭的木造支架，平時都用來擺放震洋艇。保養船艇時不會動到炸藥，主要是檢查濾心器、配電盤的接觸狀況，並將火星塞取出清潔。首先，以類似扳手的工具伸到裡頭、拆下火星塞，接著用鐵刷清潔，並將品質不良者以備品替換。點火線若沒清潔，點火速度就會變慢。因此原則上每天都要清潔。此外，震洋艇每次開出去，回來後都要保養，並檢查有無海水滲入，若有滲水，則需以乾布擦拭，否則便會故障。保養震洋艇時，駕駛這些船艇的航空兵也會來幫忙。此外，每艘震洋艇的加油作業由兩名整備班的成員負責。當時，汽油、酒精等燃料會定期送來部隊。汽油都裝在容量小於五加侖的鐵桶中。這些鐵桶平時存放在洞裡，要用時再拿出來。但因汽油量時常短缺，所以為節省用量，通常以約百分之二十五的酒精混和汽油；加油時，是在駕駛座旁的加油孔上方放置漏斗，接著一桶桶地倒入。

因空襲頻繁，白天無法訓練，所以就在山洞中整理、保養引擎。有時也得發動震洋艇以確認引擎狀況。但為避免引擎發動、排放廢氣造成中毒，白天時仍會將震洋艇推出洞外發動，若遇空襲再趕緊推回洞內。攻擊訓練都在軍港外海實施，出動時，一艇隊、一艇隊接連著出發，通常在即將天黑的傍晚五、六點開始，天氣不佳時則不會出去訓練。

七、特攻部隊的飲食與作息

陳金村說，特攻部隊的內部管理非常嚴格，不能做錯事，但也從不體罰。他說：「派到部隊後我再也沒有被打過，都是自我管理。竹內隊長對大家很好，並和所有人打成一片，沒有部隊長的架子。海軍很奇怪，尉官以上通常不管下面的事，不會打、罵別人。其中，最會打人的是士官，也就是軍曹。部隊作息與海兵團訓練時通通一樣：早上五點起床，大家聚在一起做體操，接著，包含航空兵在內的大家一起動手打掃，掃完後開飯。餐廳大小約可容納一艇隊。吃飯時，以艇隊為單位，分梯去吃。洗澡多在工作完後輪流洗，且基本上沒有時間限制。吃完早飯後，除了幾名警衛之外，大家在分派完工作後就離開營房，前往壽山山下的山洞內保養震洋艇的引擎，並於下午三、四點時回營吃晚飯。之後，又到海邊準備訓練，訓練多在晚上八、九點，最晚十點結束。」

倉庫正好位於停放震洋艇的山洞旁。因此訓練結束後，隊員就會設法從倉庫中順手偷拿一點吃的。日本海軍的傳統是「偷吃沒關係，只怕被發現。」因而才有：「不會『偷』的人沒資格當海軍」的名言流傳下來。陳金村覺得，在小部隊的生活過得太舒服了，尤其吃得非常好，且沒有糧食短缺的問題。在海兵團訓練時其實也吃很好，一碗飯配上一大碗味噌湯，有時是豬肉或牛肉湯，通常是菜比飯多。來到部隊後，食物更不曾短少。區役所每天都會派老百姓送糧食過來，若有吃不完的牛肉罐頭與青菜也會固定配給到部隊裡。唯一擔心的就是沒有酒。沒酒喝時，隊員們會用酒精「製酒」。首先，將酒精倒入鋁製臉盆內點火燃燒，酒精蒸發後，用毛毯蓋住盆子。最後，放入砂糖攪拌當酒喝，這種飲料喝多了其實也會醉。

八、當終戰日到來

陳金村說，日本未投降以前，B-29常從高空撒下傳單，宣布投降的當天傍晚，也有傳單從天而降。傳單上寫著：「日本已經投降，別再抵抗了。」震洋部隊為特攻系統中的一支，地位比一般部隊特別，也與其他的航空隊有所聯繫，因而很快地便得知終戰的消息。知道日本戰敗後，日本人比較悲傷，但臺灣人也不能表現出高興的樣子。雖然日本投降，戰爭結束，但卻沒人知道何時可以回去，也還不知道臺灣即將歸屬中國的事。

終戰後準備移交時，不分正、副駕駛，大家一起幫忙拆解震洋艇，並將拆下的引擎堆在一旁。拆除內部零件後的船殼，因為是用很薄的三夾板做成，用力一搥就破了，沒什麼用，所以通通放進洞裡；甚至連鐵軌全都保持原狀，沒有燒毀或丟入海中。另外，還移交了步槍、

沒有酒喝的時候，震洋隊員利用酒精來「製酒」。(插畫:林家棟)

槍彈、砲彈等物品。不過，處理炸彈就是個問題，因為裝在震洋艇內的炸藥不同於一般炸彈，有一顆顆釦子般的雷管，要是劇烈撞擊其尖端就會爆炸，而且得吊起來才能移除。因為這個過程為高危險性，所以沒有處理，而交由兵工廠派來的專業人員拆除。國民政府接收以前，震洋隊已全部整理就緒，並交接給司令部。一個月後的一九四五年九月，臺灣人先行離隊，大家在離開前互留地址、拍照留念，並約定以後再聯絡。

陳金村說，他離開時還拿到了六百多元的遣散費，而海兵團受訓時期的月薪也才六塊六而已。派到特攻部隊以後，一個月可以領到四十六塊。當時一般公務員的月薪約為三十五到四十五元，所以六百多元算相當多。陳金村回家後，其他日本人在隊上進行最後的整理。約半個月後，無論特攻隊或航空隊，所有海軍都帶著隨身物品，到海兵團裡集中安置。在等待潛返的這段期間，他們「自給自足」，被派到雲林、嘉義、臺南等地的糖廠幫忙採收甘蔗，等到有船時再遣返日本。

九、戰後服務警界逾三十年

陳金村說，他在部隊解散、回老家一年後就結婚了。婚後因為無事可做，又剛好在報上看到警察訓練所的招考消息，便決心應考。考試

終戰後大家一起拆解震洋艇，引擎拆卸下來堆一旁，三夾板做的船殼，用力一撇就破了。（插畫：林家棟）

科目只有國文一科，考的是作文與基本常識。由於多數臺灣人根本不通國語，所以也可以日文作答，而他就這麼考上警察了。當了五年警察後，他被調派至保一總隊擔任教育班長。兩、三年後，因為志不在此便自動請辭。接著又回去當了兩年警察，隨後考上刑警，然後在臺北市的刑警大隊服務到退休。

自民國三十六年考上警察到退休，陳金村在警界服務了三十二年。他太太常說：「我們頭家當了一輩子刑警，賺到四男一女，五個小孩之外，什麼都沒賺到。」從警界退休後，他繼續到 YAMAHA 的中壢廠工作，當時的大公司都有安全室，現在則叫人事室。安全室主任原由情報局退下來的上校擔任，但因為他準備退休，所以公司釋出主任的職缺，陳金村因為在當刑警時便認識董事長，董事長便邀他過去接任。此後，陳金村就在中壢的 YAMAHA 擔任安全室兼人事室主任等職務，又工作了十年，七十歲時才再度退休。

自 YAMAHA 退休後，陳金村開始參加海軍的集會，並在剛成立的「海交聯誼會」裡擔任常務理事。不久後，第一屆會長張桐過世，鄭武傑接任第二屆會長。之後，洪鐘義接任第三屆會長，並推薦陳金村擔任事務局長。洪鐘義連任四屆會長後，某次從日本旅行回來時患了腦膜炎，導致會長隨之改選。此時，陳金村被推選為第七屆會長。當時約為民國八十九年。過去，海交會會長每屆任期兩年，但後來都沒

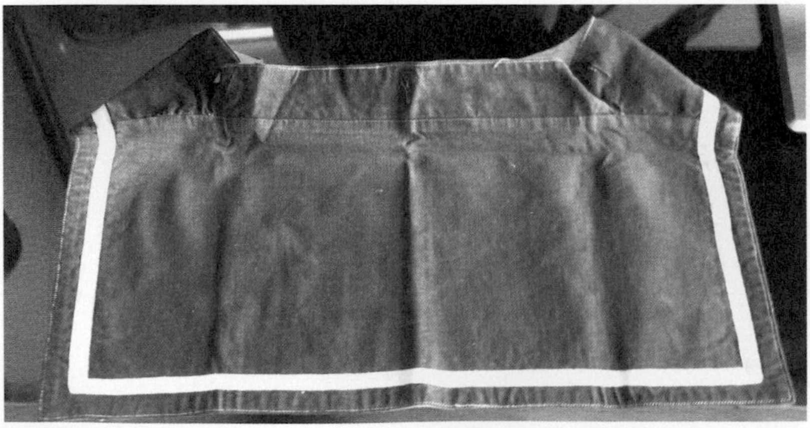

陳金村在海兵團服役時穿著的海兵服披肩。（圖片來源：陳金村）

有再改選，並由陳金村一直當到現在。

日本每個縣市都有各自的海交會，並在東京設有全國總會。臺灣的海交會成立後，隨即與日本的海交會締結姐妹會。並於每年五月初組團參加召開於日本的全國聯合會，進行文化親善交流。臺灣這裡，則在每年十月三十一日舉行會員大會。大會前夕，日本方面都會派人組團參加，並於會前南下貓鼻頭的慰靈碑祭拜。慰靈碑為臺灣方面發起設立，經費為臺、日本雙方的海交會共募而來之一、兩百萬元，而擔任理監事的人也都各自捐了一、兩萬元。最後，慰靈碑建於貓鼻頭的「潮音寺」一隅。

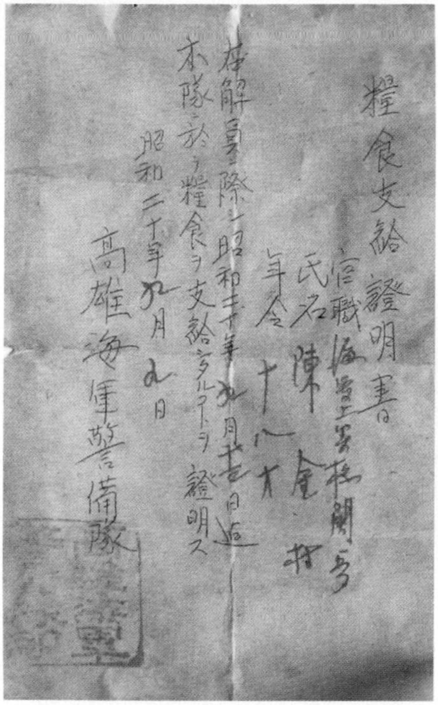
糧食支給證明書
官職 [illegible]
氏名 陳金村
年令 十八才
右解員ニ際シ昭和二十年九月十五日迄
本隊ニ於テ糧食ヲ支給シタルコトヲ證明ス
昭和二十年九月十五日
高雄海軍警備隊

1945 年 9 月 15 日，復員歸鄉當天，部隊發給陳金村的糧票。（圖片來源：陳金村）

第六章

震洋防空壕——自助新村眷戶的生活回憶

chapter 6

一九四五年九月中旬，三個駐防埤子頭的震洋隊，離開了現今西自助新村與海青工商的基地。離開前，他們把營區打掃得一塵不染，約二十座防空壕、五十多棟木屋內，沒留下任何物資及個人物品；所有裝備與武器都連同移交清冊上繳完畢。之後，他們緊閉房舍與門窗，安靜離開，自此結束為期十個月的左營基地歲月。國軍檔案《日本海軍物資接收目錄清冊（高雄地區）》中，收錄了〈埤子頭震洋隊基地設施計量表〉。之中的現況欄裡註明著：交接的五十多棟木屋現況都是「小破」。然而，這些營舍在一九四四年（昭和十九年）十二月才落成，部隊於隔年九月中旬便離開。短短十個月內，怎麼將營舍住成「小破」的呢？著實讓人想不通。

一九四五年八月十五日，日本投降後，中國海軍指派第二艦隊司令李世甲少將，擔任臺灣、澎湖地區，日本海軍財產接收的專員兼臺澎要港司令。十月十九日，李世甲率領參謀及特務排抵達基隆。但十一月六日才抵達高雄，並舉行接收典禮。據左營耆老描述，在此兩個月的空窗期中，震洋隊的營舍被大膽的民眾「拼去了」。因為他們將營舍木材變賣或自用，營舍才會變成「小破」。港區內，其他等待移交又沒人看管的倉庫，有許多也是同樣的狀況。一九五〇年起，有人開始在震洋隊的基地上蓋房子，並以茅草製成土埆的屋頂。一九五三年，海軍才於此正式蓋起一排十間的平房，最後共蓋了十三排，一百三十間。

設施名稱	構造	面積(平方米)	價格(圓)	竣工日期	所在地	現況	備考
兵　舍	木造平家	730	54230	S20.1	埤子頭	小破	14 棟
下士官舍	木造平家	148	11920	S20.1	埤子頭	小破	2 棟
士官舍	木造平家	320	25600	S20.1	埤子頭	小破	7 棟
當直室	木造平家	9	720	S20.1	埤子頭	小破	1 棟
烹炊所	木造平家	121	10890	S20.1	埤子頭	小破	2 棟
浴　場	木造平家	129	12255	S20.1	埤子頭	小破	2 棟
主計科倉庫	木造平家	145	9425	S20.1	埤子頭	小破	4 棟
各科倉庫	木造平家	156	10140	S20.1	埤子頭	小破	3 棟
車　庫	木造平家	229	16030	S20.1	埤子頭	小破	5 棟
便　所	木造平家	111	9360	S20.1	埤子頭	小破	8 棟
洗面所	木造平家	19	1520	S20.1	埤子頭	小破	3 棟
燃料庫	木造平家	9	585	S20.1	埤子頭	小破	1 棟
甲板要具庫	木造平家	4	260	S20.1	埤子頭	小破	1 棟
木工場	木造平家	7	455	S20.1	埤子頭	小破	2 棟
配電所、充電所	木造平家	10	650	S20.1	埤子頭	小破	2 棟
衛兵詰所	木造平家	29	2320	S20.1	埤子頭	小破	1 棟
油　庫	木造平家	5	250	S20.1	埤子頭	小破	

〈埤子頭震洋隊基地設施計量表〉，全部房舍狀況皆記載為「小破」，S 為昭和年代。（資料來源：范綱倫整理製表）

西自助新村的老居民都對防空洞印象深刻，不過，在他們抵達村裡時，防空洞早已存在，但卻不知道這是誰蓋的。他們說：「……其實這是很簡單的東西。日本侵略中國時，臺灣是日本的，中國飛機便常來轟炸。日本人蓋好防空洞時，飛機才來的。不是一九四九年之後蓋的，都是過去蓋的……。」他們認為空襲臺灣的是中國的飛機，而防空洞是日本人蓋的，卻不知道震洋部隊曾駐紮於此。

二〇一三年年底，西自助新村的眷戶領取了補償金後，已全數遷離，僅剩四一一之一號的甄忠惜，因房子的產權問題、沒領到補償金，所以仍住在原地。為了解戰後，震洋隊防空洞的使用情況，我們訪談了甄忠惜先生與他妻子（顧大姐），並透過一些關係，找到以下原住戶：楊維環上校、住在城牆邊的李成龍、住在小市場三九〇號的李志強及住在八十三號的孟昭光等四人。因為他們住在防空洞旁，我們才訪談他們，不過最後仍無法聯繫上所有的原住戶。

以下為住在西自助新村一二五號楊維環上校的訪談記錄。訪談日期：二〇一七年一月二十日。

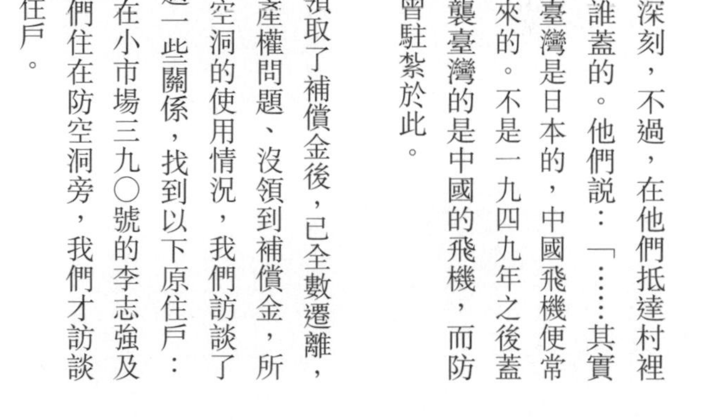

西自助新村氣氛溫馨、富有人情味，拆除之前是彩繪眷村的熱門觀光景點。（圖片來源：舊城文化協會）

一、就近的颱風避難所——楊維環上校的年少回憶

我生於一九四二年，畢業於海軍官校，並於一九八九年自陸戰隊退役。我比較早退，當了八年上校後，四十六歲就退伍了。我一九六六年出生的小老弟，現在都已經升上少將了，而我在西自助新村則當了四十五年鄰長。

一九四九年，我們一家跟著父親來臺灣時，住在鹽埕區的大成旅館，並於隔年來到自助新村。那時，我媽媽什麼都沒有，她在自助新村裡的房子，是自己所蓋的茅草屋——用泥巴糊的「土埆厝」。一九五〇年，房子蓋好後，我們才搬過來住。記得當時最慘的是一九五二年的颱風，風災過後，茅草屋屋頂整個飛走，屋頂都沒了。還有白蟻也很厲害，牠們吃掉了我們家的整片屋頂，導致後來得花十幾萬元，重新換瓦片。一些老照片也因白蟻氾濫成災，相簿都被牠們吃掉了。

剛搬來西自助時，這裡的防空洞很多。我家門口就一個，城牆後三個，曾德祥會長他家門前兩個。另外，龍眼樹一六八之十那邊也一個，徐家前面也有三、四個防空洞。走到我家門前右邊的芒果樹下，就可以看到防空洞。唉呀，我的媽呀！大颱風一來，躲颱風時，所有的人通通躲進防空洞裡。一九五一年的颱風實在太厲害了，因為風真的非常大，大家通通都躲進去。後來，因為颱風真的太恐怖，軍方還開著

海青中學是一所海軍子弟學校，早期以木造的日遺宿舍為教室。（圖片來源：郭吉清）

卡車，送我們到軍區司令部的地下室，也就是作戰中心裡面躲颱風，那裡的地下有很多地道。我家那邊的防空洞裡是空的，但城牆後面那個，裡面有一盤盤的鱷魚蚊香，滿地都是那玩意兒。

過了馬路後，對面也有防空洞。管理站旁兩個，自治會活動中心一個，對面水果店那邊也一個，這些以前都看得很清楚。海青中學那裡也很多，最少五個以上，在房子蓋起來以前滿滿都是，但後來都填掉了。另外，崇實新村後面更多。小時候我們到處亂跑，到處看防空洞，但後來人多了，就沒再使用過這些洞，它們也被埋得看不到了。自助新村的防空洞都很大，二十個人躲進去也沒問題。但崇實那邊的防空洞就比較小。我聽老一輩的人說，海青中學那邊以前是日本人的刑場，壞人都被帶去那裡槍斃。西自助新村下面與崇實那邊的房子都是第一批蓋的，我們這裡是第二批。崇實新村與西自助新村下面的房子（門牌號碼二〇〇到二二〇號）全都是日本式的木造房子。

活動中心管理站的那個防空洞我有進去過。那裡的芒果每次從樹上咚地一聲掉下來，我都會去撿。這些野生的芒果沒人管。不過，以前有個很會罵人的楊姓老太婆住在那邊，她家還有個大院子。老太婆過世後，房子、院子、芒果樹都沒人管了。活動中心則是後來，一九五五年才蓋起來。這邊的防空洞和其他地方的大小相同。據我了解，自助新村沒有方形的防空洞，都是圓的，且全為混凝土做成。

2011 年自助社區活動中心。（攝影：廖德宗）

我家門前的芒果樹旁，防空洞的門口，原來有座幼稚園。一三〇號後來分為一三一、一三一之一兩號。後來，幼稚園把這兩戶都賣給了謝志堅他們。幼稚園的所有者是呂德民。我們不清楚他母親的名字，但我們都叫她老不死，因為她年紀很大，喜歡打麻將，而且是園長。小時候，我家後面的城牆有個洞，呂德民那邊也有個洞，就在幼稚園旁邊。城牆那邊住有二十多戶人家，所以水通通流到這裡來，成了一個水池。那個水池大概有我家客廳這麼大，一九五〇年就在了，不是後來挖的。小時候，我們常在那邊釣魚，那裡有很多魚，後來因為要蓋幼稚園，就慢慢填平了。

小時候要上城牆時，我們根本不鑽洞，而是會從這裡一梯、一梯往上爬，然後在上面玩。小學六年級、約十一、二歲時，我因為玩官兵抓強盜從樹上掉下來，摔斷半顆牙齒。雖然城牆上面很乾淨，我卻在那裡看過有一格格花紋的毒蛇。另外，城牆上的台子，我早就知道了，卻不知道那用來做什麼。其實城牆上因為有洞走不過去：旁邊有顆大石頭，中間和下面都是草，上面則長著幾棵龍眼樹和芒果樹，和其他叫不出來名字的樹。我爸爸生於一九二一年，當時他來桃子園當兵，每次在左營火車站下車時，就看得到我家門前的這棵芒果樹了。芒果樹原來是雙胞胎、兩棵樹長在一起，後來因為颱風少了一棵，剩現在這一棵。

位於自助新村 130 號，德民幼稚園前的防空壕。（攝影：范銀鳳）

西門段城牆，有一段是凸出去的，不曉得是什麼作用，那塊凸的城牆裏面被挖空，沒有屋頂，但旁邊種了很多棵樹。民國四十多年的時候，有位徐姓老先生住在那邊，他種了很多木瓜樹，後來變成一個木瓜園。小時候我們都會去那裡偷木瓜吃：白天先瞄好了，晚上就用剪刀「喀嚓」偷一、兩個過來，因為木瓜非常大，所以吃一個就足以撐死人了。

我畢業於海軍子弟學校。小學、初中都讀那邊。小學是第六屆，初中第七屆。一九六一年，我從省立鳳中畢業，小女兒也同為省鳳畢業生，大女兒則畢業自高雄女中。管理站那邊，約有二十多個黑管子，不知是鋼管還鐵管。我們讀初中時，每到黃昏，都親眼在海青工商的防空洞看到紅色狐狸從防空洞跑出來，不知是不是臺灣人常說的：「八字可能比較輕」，所以會看到一些「壞東西」。一九五〇年，海青工商的校舍全為木造房舍。從左營大路進到村裡時，都要看通行證。此處的圍牆上還設有鐵絲網，沒蓋房子的地方全為番薯田。在當今的人行地下道那裡，過去都有人站衛兵，因為冬天怕冷，所以在上面蓋了水泥屋頂。

位於自助新村173號，佳佳早點旁邊的防空壕。（攝影：范銀鳳）

二、「不得據為己有」——顧大姊的記憶中的鄰居

顧大姐與先生甄忠惜因為房子產權的問題，仍住在拆除後、如今顯得格外空曠的西自助新村四一一之一號，他們也是村裡唯二的「釘子戶」。因為法律官司的程序還沒走完，軍方幫他們保留了水電與電話線。晚上時，偌大的古城舊地，孤零零的房舍裡透著昏黃的燈光，伴隨亂竄的野狗與蟲鳴，顯得有些無奈、滄桑。因為她是唯一還在此地的「原住民」，所以尋找西自助眷戶「防空洞」記憶的我們，便在二〇一四年二月清村後，多次訪談顧大姐。以下是與顧大姐的訪談記錄。

訪談日期：二〇一六年十月十七日。

早期海軍第一軍區眷管科，也就是當今的海軍陸戰隊眷服組，在我老媽媽那一代就立下了規矩。一九五〇年，海軍在自助新村蓋了一排十間房子時，管理站的規則便寫著：防空洞「不得據為己有。」除了蓋房子不能把防空洞圍在家裡，平常也不能擅用。孫家和易家是鄰居，一四八之一號，龍眼樹、樹屋那戶姓易的人家過世了。眷村拆除前，賣茶葉蛋的孫家兒子，在易家人過世後，把樹屋那裡的防空洞佈置成一棟鬼屋：放了些道具、網子與彩繪，讓人入內參觀，同時販賣茶葉蛋、彈珠汽水等，做起小生意來。此外，他們還將防空洞的周遭圍起來，鋪上水泥，作為收費的機車停車場。當時，海青工商的學生最多，總在早上上學時停進來，放學後騎走，一天繳十元保管費。一天下來，

2012 年自助新村 184-1 號龍眼樹下的防空壕。（攝影：廖德宗）

停個幾十輛，收入也有幾百塊。

另外，由於一八三、一八四號防空洞擋到他們兩家的正門，出入都要繞道。前面那塊巷口的空地，空間更大，因為沒人管，所以誰去占用就變誰的。一八三之二號是一間雜貨店，是店主以前向周家買來的店。周家生了五個小孩，並開了這雜貨店，早期也利用防空洞前面的這塊空地經營機車停車場。

海青工商學校辦活動時，一天最多停到六十幾輛機車，停得滿滿滿。學校教官也會來此登記車牌，因為停這裡的都是無照駕駛，不敢停到學校去。一七三號，佳佳早點旁邊也有個防空洞，因為覺得妨礙使用空間，他們便花了約十萬元，自行僱工挖掉三分之二的入口，保留三分之一。另外，一五九之一號旁的芒果樹下也有個防空洞。那裡最後的住戶是黃阿貴，他先生叫黃詩奎。他們家隔壁，住著我先生的山東老鄉秦先生，他在家裡的水池養了鱉。黃詩奎娶了臺灣老婆黃阿貴後，因黃家孩子多，養鱉的秦先生便和黃家換房子，把大一點的房間讓給黃家。黃家後來賣菜賺了錢，蓋起樓房來；因為拆屋時以坪數換算補償金額，所以他們共領到七十八萬元補償款。獨身的秦先生家裡有個水池（作者按：疑為震洋隊的遺留設施），裡頭養了鱉，他常到福利站撿些剩下的葉菜餵給鱉吃。養鱉和養雞一樣，能賣錢、會下蛋，因而常有鱉蛋吃。

2012 年自助新村 183 號前的防空壕。（攝影：廖德宗）

■「打掉一個半」：眷戶共同決議廢除防空洞

我先生甄忠惜是山東的流亡學生，一九九三年，他剛好從臺電退休。因為會寫公文，人又熱心，大家就推舉他接任社區發展協會理事長，而當時的里長是陳肇輝。社區活動中心周遭，有多個很大的防空洞，因為裡面有蛇、老鼠、甚至不良份子群聚洞中；加上國防部也說：「防空法」已改，所以同意廢棄防空洞。住在一二三之四號的社區發展協會總幹事姜漢俊，上電視時還說，因為防空洞有阿飄的傳說，所以該打掉。以前崇實、自勉、東自助新村的人都會來這裡打氣功。他們也認為，防空洞有蚊子，衛生不好、無人管理。因此，社區發展協會便決議以「大家決議廢除」為由，申請廢棄防空洞。

吳敦義當市長時，我先生甄忠惜親自去辦這件事：他到訪區公所時，社會課長對他說，養護工程處有多的錢，建議他去申請。接著，他開始自己打公文，陳述防空洞的壞處，然後親自坐公車跑公文，費了很大的勁，才把經費撥下來。大約在一九九四年，市政府養護工程處把錢撥下來了。因為是三個里聯合申請的社區美化經費，所以申請了六、七萬元的經費來處理活動中心附近的防空洞。

住在八十二號的張淑貞家就在活動中心旁邊，那裡有一個防空洞。活動中心後面也有一個，一三七之一號的王家燒餅、王樹田那邊也一

2012 年活動中心公布欄旁的防空壕。（攝影：廖德宗）

個，後面還一個，公佈欄旁邊也一個，這些防空洞都是拱形的。鄰長陳啟仁的兒子陳繼之也説，他看過這些防空洞。住在一三七之二號的張大頭以前作生意，房子後來給了自己的兒女，他們家後面的兩個防空洞在芒果樹那裡，要打穿牆才看得清楚。張大頭家的防空洞在圍牆底下，所以不敢挖下去，因為若將別人家的圍牆挖倒了，可是要賠錢。

八十二號，張淑貞家旁的那個防空洞，開挖時挖得既深且徹底，不僅因為張淑貞的丈夫周先生與協會理事長甄忠惜是山東老鄉，也因為防空洞擋到了他們家門口，導致出入都要繞道，因而特別請求挖掉。此次申請到的經費都用於處理這個防空洞上：除了工資、機具十分昂貴外，由於水泥很厚，裡頭包著許多鋼筋，所以花了許多時間和金錢才解決。防空洞挖乾淨後，在上面鋪水泥。因為原來的洞中都是荒草，發動義工也沒人要來，所以乾脆填上水泥，並安放一個露天公園的座椅。最後剩下的一點錢，拿去處裡王家後面的那個防空洞。但因為經費不夠，只挖了上面一點點，沒有全部挖掉，因為再挖下去就會挖到張家的圍牆。至於廣告招牌底下的防空洞則是完整的，沒有人動過。

一八四之七號也有個防空洞，黃宗軒一家住在我家對面，而鐵板下的洞口，就是防空洞入口。但另外一邊，還有個入口。他們家最早把整個防空洞圍在家裡，但其實也沒有很完整地使用。為了整修防空洞的排水問題，黃先生就這樣活活累死了。某次，他坐在客廳搖椅上睡

自助新村的活動中心旁，原來有個防空壕。這是市府撥經費、挖除防空壕之後的模樣。（攝影：郭吉清）

午覺，忽然被一陣腳底的涼意嚇醒。醒來一看，外面下著大雨，而且客廳淹水了，還淹到拖鞋都漂起來。他趕緊請工人來做防空洞的排水道，並親自監工；但因為防空洞太硬、太難挖，因此監工操勞過度。最後，腸癌復發的黃先生自己騎車到海總就醫，但一到醫院就昏倒在地上了。隔天，三名約好打麻將的牌友到他家，發現沒人。那時我告訴他，黃先生自己去醫院看病，但打電話到海總時，醫院卻說他昨晚過世了。後來有人到他家翻找值錢的物品，一一把裝潢、地板撬開來找；還說，他平日省吃儉用，肯定有些黃金、金錢藏在家中；這種情況，就像祥和山莊裡，那些老伯伯一走，便會在他們的衣櫥中，發現貼得滿滿的千元大鈔一樣。

此外，退輔會的人會來點收遺物，拿出老伯伯家裡的破衣櫥、並在丟棄前將衣櫥倒過來、踢了一下時，竟掉出許多金塊。還有一位老伯伯過世時，這些值錢的財物最後因為沒有家屬繼承，都依法捐給國家、收歸國有了。在這裡，我們不講充公，因為充公是指遭土匪搶劫，所以對老榮民不敬。老榮民一輩子省吃儉用，三餐都只吃饅頭配鹹菜，過世了還將財產捐給國家，著實令人萬分感佩。

■繪聲繪影的日軍軍魂塚傳奇

另外，顧大姐還說了個眷村日軍軍魂塚的故事。這個故事是一六八

2012 年自助新村 184-7 號的防空壕（攝影：廖德宗）

之七號的徐媽媽和李成龍說的，但眷村居民全都知道。當初，社區協會的甄忠惜因為認為眷村改建並不公平，所以提出陳情，這時才講到徐上尉他們家的事。沒想到，眷改的事情沒上報，聯合報倒是報導了徐家軍魂塚的故事。

一九五六年，徐家搬到西門砲台裡居住。後來因房間數不足、準備擴建而開挖地基時，工人卻挖到了骨骸，因而嚇得歇斯底里，甚至有工人當場起乩。於是，徐媽媽立即燒香祭拜，說他們只是請來幫忙建屋的工人，不要傷害他們。後來法師來超渡時說道，這些亡魂是九名日軍，其中三名是住在砲台裡的臺籍兵，有分上下階級。因為沒有處理這些事情的財力，徐家不敢妄動這些遺骨，於是便將其埋回原地。待經濟好轉後，他們在院子裡設了一個軍魂塚加以祭拜。軍魂塚位在圍牆角落，弄成假山流水，並在上面立了塊黑色的花崗石石碑，刻上日本紅太陽與「忠軍士碑」的字樣。後面，還有一塊寫著「福德祠」的石碑。

徐家人這一拜，就拜了幾十年。每逢初一、十五，都以鮮花、素果及三杯日本清酒祭拜。後來，癌末的徐媽媽住在榮總安寧病房時，叫了隔壁的李成龍過來，並給了他一些錢，麻煩他繼續祭拜家中的軍魂塚，直到眷村改建、房舍拆除為止。結果，每次李成龍牽著名叫 Luck 的狗來祭拜時，Luck 走到門口就不進去了，即使硬拉，仍然不肯。某

2010 年自助新村 168 - 7 號忠軍士碑與福德祠碑（攝影：楊玉姿）

次祭拜時，三個酒杯還自行傾倒，你說邪門不邪門！

李成龍到醫院看徐媽媽時，說了三杯酒都倒掉的事。徐媽媽雖然癌末，但頭腦還是很清楚。她說：我給你錢，叫你買日本的大酒，你卻捨不得，偏要買便宜的臺灣米酒祭拜，難怪會倒。」後來，李成龍改以日本清酒祭拜，便很順利。二〇一〇年，因為房子點交、即將拆除，徐媽媽便交待兒女及媳婦、女婿，選個時間請道士來。作法後打掉石碑，將亡魂們請到城隍廟去。

於是，大家便按徐媽媽所說，趕緊選日子、請道士。不過，道士作法後擲筊，亡魂們卻不同意遷走。大家只好對他們猛講好話道：「徐媽媽生病了，不能再祭拜你們，因此得請你們到城隍廟安居……。」之後再擲筊，亡魂們同意搬遷。在二〇一〇年農曆七月十五日早上十點十分，道士們打破軍魂塚石碑後，將亡魂牽引至埤子頭街上的城隍廟安置。可以確定的是，這些日本兵的骨骸仍在原地。在徐家拆除後的現場，也發現了祭拜用的 SUNTORY 日本酒的酒瓶（品項：日本 AKADAMA 赤玉紅葡萄酒 1800ML，由日本 SUNTORY 生產製造）。另外還發現一片寫著「永順」字樣的日本黑瓦。

海青工商的學生說：「……婆婆，妳告訴我們那個阿飄的故事，大家一傳十、十傳百……。」後來，此地來了許多好奇的學生，央求我

住在西門砲台的徐家，因為在庭院裡挖到骨骸，故設置了日軍「忠軍士碑」，祭拜多年。（攝影：范銀鳳）

帶他們一探究竟。當我帶著他們從破洞爬上城牆的現場時，都一定要求他們先講：「對不起！打擾你們了……」而且每個人都要說。每次一講完，大家都頭皮發麻，全身起雞皮疙瘩。

三、我家住在城牆邊——李成龍對防空洞的記憶

以下是自助新村一六八之一號的原居民李成龍的訪談記錄。訪談日期：二〇一六年十一月二十八日。

一九六二年，我和父親、大伯及奶奶搬到城牆邊居住時才五歲。我們老家、我的出生地，原先在上面一點的地方。不過當時因為家中多是女孩子，走在沒有路燈的暗路上會怕，所以，一聽到這裡有房子，我們就趕緊搬過來了。剛搬來時，我們挖到了兩個骨灰罈。挖出來後，我母親便將他們請到廟裡、進行超渡。最早的時候，防空洞上面沒有房子，可以看得很清楚，後來房子蓋起來了，大家要用哪塊地就鋪平哪邊；管理站對此則是睜一隻眼閉一隻眼，有些防空洞也因此被填高了。

防空洞要有通氣口，也得下得去。附近住戶都會清理防空洞，因為擔心貓、狗跑進去，因此以木板擋住洞口，以免外人擅入。小時候，

李成龍家住在城牆邊，旁邊有階梯，上面有水泥平台。（攝影：廖德宗）

大人都告訴小孩子，防空洞裡有「不潔」的東西，所以不能去，但愛玩的小孩哪管這些，每逢過年、國慶日、中秋節時，我們都會將鞭炮往防空洞裡丟，在發出「轟！」的一聲時趕快跑掉。元宵節時，則是提著自製的燈籠繞村裡的防空洞一圈，甚至比賽誰進去的防空洞多。有時，我們還會跑進裡面烤地瓜，甚至有人還在裡頭養雞、養鴨呢。

自助新村拆除時，原以為會從那邊拆過來，沒想到是這邊、那邊零星地拆。會這麼拆，是因為卡到防空洞的關係。從前，海青中學遍地芒果樹、龍眼樹及小房舍。小房舍後來變成教師宿舍。海青中學西側，有個防空洞埋在下面，自助新村十五號門口也有一個，被拿來當作地下儲藏室。崇實新村裡的防空壕都是日本人留下來的，最大的在李連墀的官舍裡。他家斜對面，其實還有另一個防空洞。

說起小市場後面的地道，我的記憶猶新。民國五十幾年時，我同學的父親邊金章擔任陸戰隊的師長。他太太在海青中學當歷史老師。有人說他們家院子裡那條很長的地道，可以通到海邊。他家旁邊「貞子的家」（作者按：彩繪眷村的裝飾），也有一個防空洞。市場旁的空地有點雜亂，最早是劉奶奶住在那裡。她把那邊圍起來後，因為社區協會會長李文福說要在裡面停車，劉奶奶於是割了一塊地給他。至於自助樹林裡的水管，我搬來以前就有了。那些水管沒記在帳上，也不是海軍的。日軍交接時或許因為疏忽，才沒交接到吧。有人曾經自己花錢、

李成龍家住在城牆邊，階梯上方為清代城牆馬道。（攝影：廖德宗）

在大中午時找吊車來吊，但是才剛吊起，警察就來了，叫他們把水管放下去。但因為這些水管其實是無主物，所以警察也沒理由法辦他。後來又有人想偷水管，但在快抵達回收場時就被警察攔下。這都是我親耳聽到的事。

我家城牆上面有個水泥台子。小時候，那個台子就在那裡了。我以為那是指揮台或升旗台，但若是升旗台，應該要有旗杆才對，所以不可能是光復後建的。而且這裡沒有駐軍，以前是軍區外圍。在我的印象中，這裡有兩個鵝卵石、咾咕石及磚頭做成的台子：一大一小，一個在中間，有點像是指揮台。大台子左手邊有個小台子，小台子兩邊有像是太極的標誌。台子下因年久失修，泥土都流失了，因而成了一個下陷的大洞。城牆旁邊有個縫隙，下雨時，泥土就從那裡流失；後來，為防止空隙繼續變大，我用磚頭堵住了。旁邊那棵野生的大榕樹，沒人特別照顧它，自己就這麼地長大了。

■住在城牆洞的徐家

我家隔壁的徐媽媽就住在西門砲台裡。砲台是她家的主臥室。我家的城牆有一個洞，可以通到城牆的南邊。我家這邊等於是城外，而那個至今還在、像砲台小門的洞，其實是個可以通到城內的門。不過，後來我用磚頭把那個原來就有的門堵起來了。後來徐媽媽住的砲台被

有人用吊車想偷走自助新村的昭和鐵管。
（攝影：廖德宗）

自助新村「貞子的家」裡面有個防空壕。
（攝影：廖德宗）

挖了一個洞，成了她家的後門，那個門有六十公分厚，也就是說，要進到砲台裡，必須先通過那道門，就等於從城內通到城外。小時候看到那個洞時，記得是用咾咕石砌成的，但後來為了做門，就用水泥抹齊洞口。主臥室裡是咾咕石的四面牆，小時候去她家裡時有看過。

■徐家門前的軍魂塚

軍魂塚的事，確實從徐媽媽那裡親自聽說。這裡大概有十二個軍魂吧。有的在裡面住慣了，一直不肯出來。徐媽媽說，小時候，因為這些軍魂不會傷害他們，所以就放在原地不管，只在門口蓋了座小廟、祭拜亡魂。徐家搬走後，每月初一、十五，我都會供奉他們清酒，因為是日本軍魂。

每天經過那裡，我會幫他們上一炷香，持續了兩、三年。房子拆除以前，也就是二〇一〇年，因為徐媽媽身體不好，就請左營的道士來超渡，而且特地選了時間。超渡後，道士請出軍魂，安奉到別的廟裡，之後擊毀軍魂塚石碑。那座石碑應該還在現場，要挖絕對挖得出來。

徐家離開前請道士作法，將亡魂們請到城隍廟裡。（插畫：林家棟）

四、沒人敢進去的神祕地道——李志強的回憶

以下是自助新村三九〇號的原住戶李志強的訪談記錄。訪談日期：二〇一七年五月十五日。

李志強，生於一九五三年，住在自助新村小市場裡的三九〇號，「彩繪自助街」的始作俑者就是他。眷戶搬走後，他在住家附近的牆壁上開始了一些彩繪與裝置自娛，後來，海青與文藻的學生跑來找他。他和學生說：「你們要拓展，自己去拓展吧。我弄得很大了，只是自娛娛人，還有基於對眷村的一份情感，讓自己愉快而已。你們來，則是對著大眾胃口，我不喜歡這樣……，彩繪眷村的原作者是我……。」後來「彩繪左營自助新村，眷村裡迷路」成了觀光風潮，甚至拆除了以後，還有人來此尋幽訪勝。李志強說，眷村的伯伯們都很兇，火氣都很大，一個比一個兇；好像在大陸打完共匪，就來臺灣打小孩。城牆上，長了許多「癢豆」，隨便摘都有，我們摘了這些像榕樹子一樣的豆子，就去擦到女孩子身上，因為一擦就會發癢，所以總被女孩子追著跑。

我家後面的三九五號裡面，有個隧道式的防空洞。之前，我一直主張保留這個防空洞。這裡以前是海軍陸戰隊將官走的地道，不知會通往何處？地道很長，也是自助新村最神祕的防空洞。我們雖然會走進

自助新村邊將軍院子內有一條沒人敢進去的地道。（插畫：林家棟）

去，但不敢走到底。防空洞入口，被一個斜屋頂遮住了，進去以後就是地下道。後來，這個防空洞被圍在邊家的院子裡，應該是在邊平遠或邊金章他們家。當初因為是海軍陸戰隊的將官在海邊守防，所以起初，這裡為官階較高的將官居住。邊太太在海青中學教歷史，因為很兇，我們都叫她貓頭鷹。後來譚天雷接收邊家的房子，譚太太曾經對別人說，這間房子的地勢不平。他們家的狗還曾跑進地道裡，可能因為跑太遠，所以一天後才回來。因為不知道裡面有什麼，譚太太不敢進去這個地下道。

■活動中心後面的方形防空洞

活動中心後面的防空洞，是自助眷村最多小孩去過的防空洞。它就位在王家燒餅店後頭，是兩進轉大進，一個很長的、可容納五、六十人的防空洞。颱風來襲或演習時，眷村居民就躲在裡面。這裡的形式與明德新村的十八號防空洞有點像，是平覆式的，圓的通道內部是長方形的。防空洞上面是張家的圍牆。小時候這裡沒有圍牆，圍牆是後來才蓋的。圍牆邊還種了一整排野鳳梨。防空洞裡，有多張乾淨的椅子，裡面的黃沙很軟，整條通道的路線很暢通，有排氣孔和座椅，座椅旁邊有個小孔，從這裡可轉進去另一個圓弧形的防空洞，而這個防空洞通到王家燒餅店的牆邊。這兩個防空洞上方是楊奶奶家，她一個人住，房子很大，我們常去她家玩。

五、防空洞裡的油封車——孟昭光的回憶

訪談日期：二〇一七年六月十五日。

我是一九四五年出生，就讀海軍子弟學校第一分校，原來住在左營的老自治新村。海軍總部搬到臺北大直後，我跟著調職的父親，轉學到板橋去。小學時期，總共讀過五所學校。後來，因為父親再度調回左營，所以勝利新村、義民巷的東萊新村我們都住過。一九五九年四月，我們分配到自助新村八十三號的房子。

我家對面的王家房子很大，院子裡有棵高大的菩提樹，樹下是個平頂的大防空洞。洞裡兩邊有水泥凳子，擠一擠能坐二十多人。防空洞入口是方的，從兩邊的階梯爬下去，四周的水泥牆則是平的。我們小時候都跑進去玩，但現在都埋掉了。颱風來襲或演習時，一聽到廣播，就要躲進防空洞，一躲就是兩、三天。在海青中學的相對位置上，原本有個相同的防空洞，後來被填掉了。另外，在現今左營大路公車站的凹槽處，旁邊有個放置電線器材的儲物間，那也是被填掉的防空洞。小時候，這裡的防空洞很多，大人都告訴我們：洞裡有鬼，不能去、不准去，但都是嚇小孩的。

另外，從自助新村往崇實新村的方向跨過大溝後，有座很大的木橋，

孟昭光小時候看到被陸戰隊從自助新村活動中心後面方形防空洞吊出一部車子（插畫：林家棟）

建於日治時期，橋身以品質良好、寬於枕木的檜木製造。那時候，我們送煤球到崇實新村，過了木橋後有個斜坡。這座木橋與建業、合群的橋是同時建立的，但規格小一些。

我記得大約在一九五九年，活動中心後面、芒果樹林的那個方形防空洞裡，有部車被陸戰隊吊出來。當時的陸戰隊司令是鄭為元。吊車時，就像在釣烏龜一樣。後來我就想，車子怎麼進去的？先將車子放進防空洞，抹上黃油，再蓋上掩體嗎？吊車時，海軍派憲兵來警戒，不讓我們看，把我們趕走，我們只能在遠處看：有個龐然大物被拔起來、整個被拉出來。

小時候進去防空洞，就看過這部車了。在引擎室內有個黑色的水箱，車上全抹了黃油，用手一摸黃黃的，的確是黃油、凡士林油。因此我懷疑，這邊其實是維修中心。另外，我還在城牆北邊看到一些像臺鐵五分車的那種輪子，但輪子中間卻凹下去了，外圈還包有硬橡膠。有人用扳手把輪子的硬橡膠挖起來，輪子是死胎、不能打氣，但硬橡膠仍有一點彈性。因此我也懷疑，這邊可能是材料庫，因為我還在此找到了許多小零件，包括：齒輪加工的零件、熔焊頭等；一一撿起來賣掉，一公斤賣十六元。這些零件是從汰換的舊零件熔燒下來的。

小時候，孟昭光在活動中心後面、芒果林裡的防空壕中，看到有人從洞裡吊起一台油封車。這裡過去是第21震洋隊的營舍，也是三個震洋隊的執勤室。（攝影：郭吉清）

■眷村眾人回憶中的防空洞遺跡

綜合上述五人的回憶訪談，他們一致提到，防空洞在他們住進來前就已經存在，但他們全沒聽說過震洋隊的事，當然也不知道西自助的防空洞為震洋部隊的設施，及城牆上的階梯與水泥平台是震洋神社的遺跡。甄忠惜與妻子（顧大姐）說，自助社區發展協會花了許多錢，費盡九牛二虎之力才拆掉一個半防空洞；這也證明，這些防空洞為秘密自殺部隊震洋隊所造，厚度與鋼筋水泥的抗爆性都經過特別加強。楊維環上校與李成龍雖然提到，海青工商校園內有五、六個防空洞，但目前僅找到一個；是否因為建築校舍而挖除，或已掩埋於地下，謎底或將在探勘特定位置後才有辦法揭曉。李成龍與李志強提到，三九五號旁的加長形地道，對照〈埤子頭震洋隊基地配置圖〉便知，那裡正是主計科的倉庫旁邊。因此很有可能是儲藏、運送物資的地道，因而，這也值得我們進一步挖掘與探勘。

李成龍家裡的城牆洞，由他加上磚塊封死。他說，隔壁的西門砲台與城牆洞，在徐家搬進來以前就有了；這證明了，西門砲台與城牆洞是為了建造震洋隊的設施才加以挖掘、破壞。另外，孟昭光提到，活動中心旁的方形防空洞，曾吊起過一部車子。對照〈埤子頭震洋隊基地配置圖〉後可知，這裡是震洋隊的當值室（戰情室）。當時吊起的，是否為一輛通訊車，而車子又如何開進防空洞？這些都令人費解。另外，孟昭光在城牆邊發現許多硬橡膠輪子、齒輪加工零件，發現的地方正好是震洋隊的車庫、甲板材料庫與配電所。未來若以考古方式展開挖掘，應該可以找到這些零件。

此次訪談中，顧大姐與李成龍講到的「日軍軍魂塚」頗為離奇，而且與目前文獻所載有若干吻合之處。徐家設置日軍軍魂塚時沒人知道，而軍魂塚就位在第二十震洋隊（薄部隊）的營舍中。事後的研究資料顯示，一九四五年六月十日晚間，薄部隊在左營港外五公里的海域進行夜間訓練時，發生震洋艇翻覆的事故，七名隊員（第二艇隊隊長、五名搭乘員及一名機關兵，均為日本人）在海上失蹤。後來因海上及岸邊搜尋未果，而被視為戰死。其他兩名士兵則是在營內病歿，而這往生的九人都有名有姓，也有軍階。當時，徐家超渡時，法師說，現場正好有九名日軍亡魂，與薄部隊的死亡人數相同，而《回想薄部隊》書中也記載著：七名隊員遇難海上，但未尋獲屍體。「日軍軍魂塚」的故事更加懸疑，有待進一步解讀。

第七章

寂靜的古城——震洋隊遺址現況

chapter 7

二〇一四年十二月底，左營自助新村的眷舍全數拆完，地表上覆蓋了約十公分的新土。站在原來西自助新村的土地上，少了房舍遮擋，南方遠處蒼翠的蛇山與更遠處的北壽山都屹立於眼前。空曠的城內空間裡，一段古城牆悠然矗立於黃土大地。伴隨眾多的老樹，彷彿回到日治初期甚至清朝時代。經仔細尋找，仍有不少發現與驚奇。其中，古城牆上留存的三角型房舍痕跡，且鑿穿了好多個洞；其次，地上也多了許多拱起的防空洞；而老芒果樹的枝葉雖然乾枯，但依然奮力地結出又黃又甜的果實。西門的地下城基也出土了。這些歷史的堆疊為這個場域增添懷舊的氛圍。

一、城牆與砲台上的歷史軌跡

拆除後的西自助新村東北方，發現一段約一百三十公尺的古城牆，對照一九〇四年（明治三十七年）的《臺灣堡圖》後清楚可見，那是從舊城北門往西南延伸而來的城牆，也是竣工於一八二六年（道光六年）的舊城石牆。一九一九年（大正十年），日本人為了建造「縱貫公路」，拆除這段城牆的前段，也就是左營三角公園那一段。一九四〇年（昭和十五年）一月，日本海軍為了蓋宿舍拆除這段城牆的後段以及西門本身，也就是今天西自助新村到海青工商這一段。這段留存約一百三十公尺的西門段城牆，或許是因靠近護城河（即俗稱的南海

西自助眷村拆除後，露出的城牆洋溢著懷古氛圍。（插畫：林家棟）

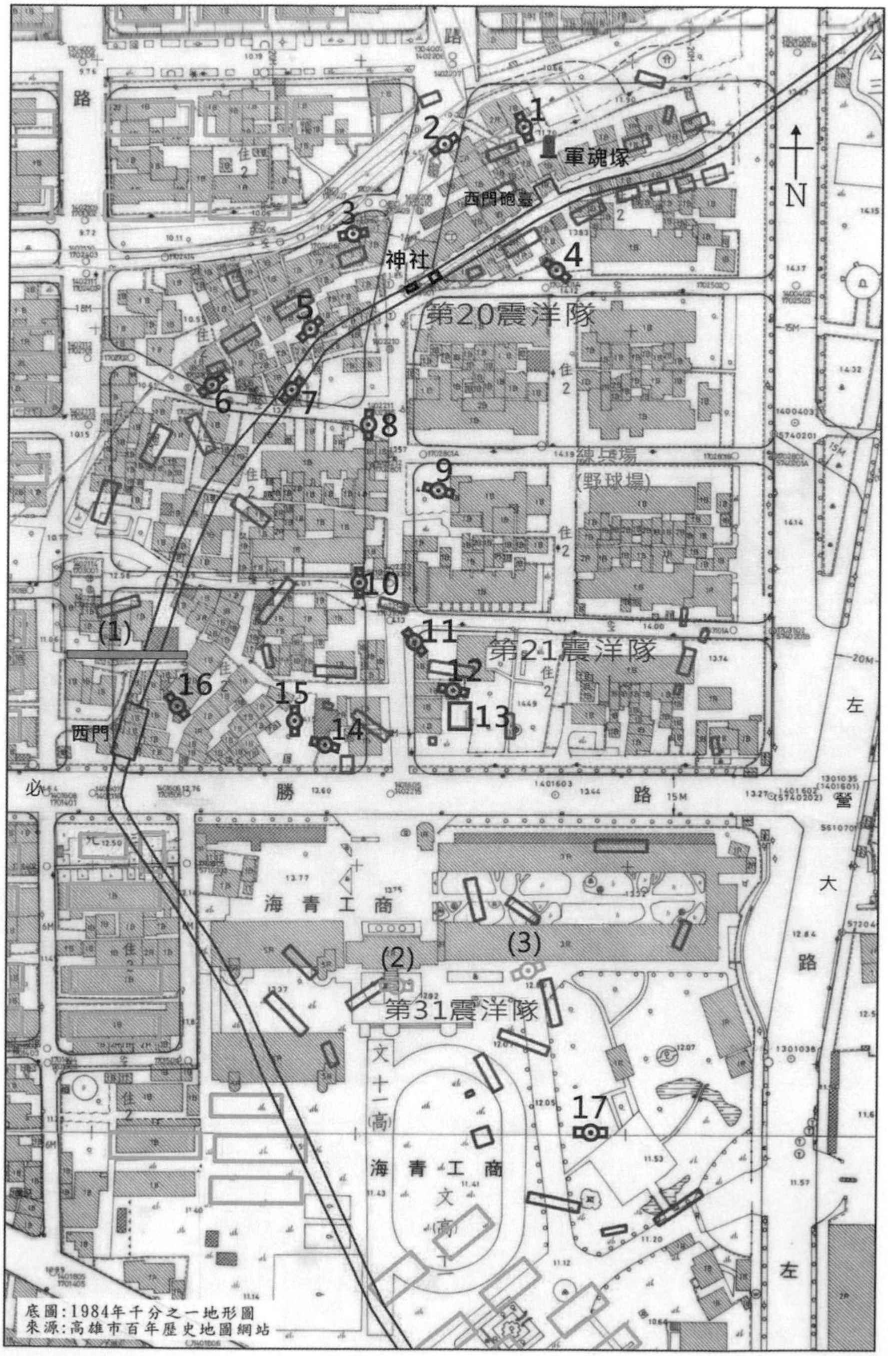

此為埤子頭震洋隊營舍套繪圖。紅線代表城牆線，裡頭洋紅色的方框為營房，外圍綠色的方框代表施設部宿舍，橘紅色小糖果則是防空壕。另外，橘色的長條為地道，上方的黃線是土城，藍色則是南海大溝的位置。（繪製：廖德宗）

大溝），又或許因為有個砲台、旁邊都是墳墓，總之，被幸運保留下來了。

一九四二年（昭和十七年），太平洋戰爭初期，日本人大力構築左營地區的防禦工事：拆除此段城牆及西門砲台上的「雉堞」。龜山上的廢棄營房地基，便發現大量「雉堞」紅磚，研判應來自拆除的西門段城牆。雉堞拆除後的城牆馬道上長滿矮樹，與城內空間裡的芒果樹、龍眼樹及血桐樹連成一整片樹林。一九四四年（昭和十九年）七月間，高雄警備府遂將此地選為左營埤子頭震洋隊的基地。

現今的城牆馬道上，有兩處從馬道底下的夯土層掏空的大坑洞。這兩個人工鑿穿城牆的洞口，之後成了來往的通道。其中一處穿越西門砲台（原自助新村一六八之七號），另一處則可通往李家（一六八之一號）的營造廠倉庫。相距二十公尺的兩個洞都是一九四五年初，第二十震洋隊打通作為城牆兩側的營舍通道。

過去，薄部隊在城牆北側設有：大浴場、烹炊所，軍官舍、兵舍及主計科倉庫。在城牆南側則有：兵舍兩棟、車庫兩間、配電所及燃料庫。西門砲台的通道，為住在城牆南側兵舍的隊員們前往城牆北側之部隊浴場與餐廳的捷徑。另一處李家的城牆通道，則是軍官巡視城牆南側之兵舍的便道。一九六二年，住戶李成龍的父親封住了城牆上的

西側城牆上的洞與被掏空的馬道，過去為震洋隊南、北側軍官舍之間的通道。（攝影：郭吉清）

洞。

另外，薄部隊也清除了西門砲台上方的咾咕石及紅磚鋪面，並掏空砲台內部的夯土，加蓋屋頂，使其隱於城牆的林蔭之下；這麼一來，除了可以作為通道，應該也可兼作倉庫。一九五六年，徐家住進砲台裡，並將「碉堡」（徐家對砲台的稱呼）改建為主臥室。徐家提到，剛搬來時，碉堡屋頂是紅瓦屋，屋樑是竹管；一九七七年，因賽洛瑪颱風損毀屋頂，才在碉堡頂部加蓋水泥，並將前門的一半改為窗戶，另在碉堡內部的東側加開一個窗戶。目前城牆北側的兩個洞口都有混凝土做成的門框，此為戰後眷戶所增設，作為防止城牆倒塌的保護措施。另外，西門砲台東邊的馬道上也有一處大坑洞，洞外是部隊的倉庫，研判這個大坑洞也被當倉庫使用。

二〇一一年，這段西門城牆與砲台被劃入國定古蹟。舊城城壁上，留有眷村時代的印記：無論是震洋隊挖掘的通道口、馬道上的大坑洞，被掏空的西門砲台、徐家住過的主臥室等遺跡，終將成為舊城歷史的重要元素。

二、徐家門前的日軍軍魂塚

徐家整修自家圍牆、開挖地基時，挖到骨骸與日軍遺物。法師在超

中段城牆開洞通過西門砲台，並挖空整座砲台，作為通往部隊餐廳及浴場的捷徑。（攝影：郭吉清）

渡時說道，現場有九名日軍亡魂，於是徐家便在院子裡設置「日軍軍魂塚」，一拜十餘年。徐家搬走後，二〇一〇年（農曆七月十五日），左營的道士前來超渡，在軍魂用完果子與清酒後，將祂們請出，安奉到城隍廟裡。之後，擊毀黑色大理石軍魂塚石碑，並連同福德正神石碑、水泥小祠及小花園造景深埋地下。如今，西門砲台前的軍魂塚現場已覆上泥土與新草，地面上，僅可看到小部份水泥遺跡。

三、震洋神社遺緒

在過去，西門砲台段的城牆西端，馬道斜坡上有十四階的階梯，被誤認為西門城門的遺址，但這些階梯其實是薄部隊所造，以作為薄部隊「震洋神社」的參道。原先，在參道的頂端設有鳥居。據大賀誠治提供的「薄會戰友通訊No.13」，一九九三年（平成五年）年初，薄會成員還將震洋神社鳥居的照片當成賀年卡，並說明：神社分靈自佐世保市的龜山八幡神社。在另一張「燒燬神社」的照片上，則有如下說明：「故吉岡君拍攝，以兩瓶燒酒向左營街上的寫真館承租相機拍攝，由前都田中尉收藏。」照片中，在熊熊大火中燒成灰燼的震洋神社鳥居圓木及本壇神龕的木質構件都清晰可見。神社的燒燬地點位於參道第一階的下方，那是一九四五年九月中旬，薄部隊離開基地前最後一個動作。

日治時期，震洋隊挖空西門砲台內部。1956年之後，砲台成為徐家的主臥室。（攝影：廖德宗）

照片右下角的水泥台為過去軍魂塚的位置。如今，日軍忠軍士碑埋於地下。（攝影：郭吉清）

沿著參道階梯往上爬時，馬道左邊、半埋土中的水泥台座是「震洋神社」的手洗缽；所謂參道，則是通往神社的靜心道路：鳥居之前是人的世界，進入鳥居後則為神界。手洗缽是信徒參拜前洗手漱口、清潔自身所用。左營震洋神社的手洗缽為紅磚所製，並在外頭塗上水泥，側邊底下，還有一根排水用的鐵管。戰後，手洗缽橢圓形的凹槽則被塗上混凝土。在這裡，最特別的是手洗缽側面，三面塑有精緻的「雙勾玉」圖案。雙勾玉為「二つ巴紋」（右二巴），是日本「忠臣藏」歷史故事中，「大石內藏助」家族的家徽。大石內藏助是日本江戶時代的武士，忠心事主，而日本兵庫縣赤穗市的「大石神社」，奉祀的主神正是大石內藏助。之後，這座神社亦被政府認可，視為「大願成就及忠義」之神，家徽「二つ巴紋」也成為大石神社的神社花紋。然而，為何左營震洋神社的手洗缽採用雙勾玉「二つ巴紋」？日本文獻上並無相關記載，而為營內神社的新發現，可能與忠臣藏故事中「為主君殉死的犧牲精神」有關聯。

城牆是埤子頭震洋隊基地的制高點，因而才被選為神社的建造位置。手洗缽後面是「震洋神社」的主體。但如今，本壇建物僅剩本壇基座的水泥台座，及基座底下延伸出來的水泥地與石垣而已。為水泥及鵝卵石所砌的本壇基座，內部包覆紅磚，過去，木製神殿原置於水泥平台之上。在基壇的最下方，是一個水泥底座，外圍有水泥石垣，

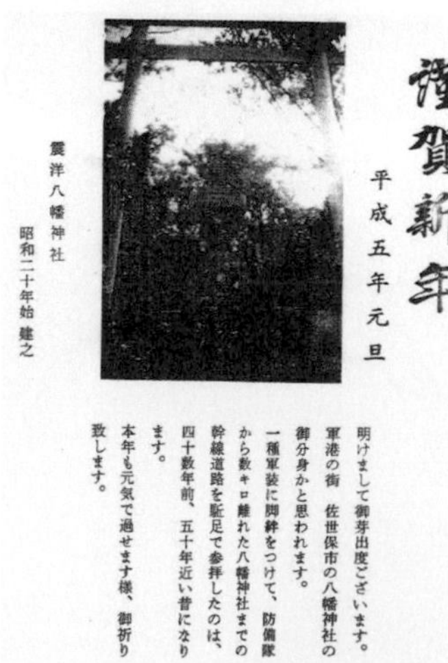

以震洋神社影像為題的賀年卡，圖中為神社鳥居。據說此神社分靈自佐世保的龜山八幡神社。（圖片來源：《薄會戰友通訊》）

震洋神社洗手水缽上的「雙勾玉」圖案。（繪圖：郭吉清）

現今世界上唯一現存之「震洋神社」的本壇基座（攝影：郭吉清）

震洋神社的洗手水缽，側邊有「雙勾玉」的圖案。（攝影：郭吉清）

現今世界上唯一現存之「震洋神社」的參道。（攝影：郭吉清）

外表是洗石子的；石垣上，則有撐起木頭構造物的六個柄穴。因而研判，除了基壇上方的神殿外，原始格局應包含周遭類似圍籬之物。

《回想薄部隊》書中有張「震洋神社與製作者」的照片，是一九四五年攝於左營舊城的城牆上。照片中，神社本壇基座上方有木造的神殿，神殿屋頂則由「千木」（交叉長木）及三條「鰹木」構成，建築格式為「流造」，正面屋頂向前延伸，形成弧線。距離地面約兩公尺的神殿屋頂，設於僅三公尺寬的馬道上。從照片上還可見，本殿四周，設有木欄杆組成的木垣，並以此作為區隔本殿與外界的牆垣，木欄杆則是架在外圍石垣的卡榫（柄穴）內。此外，震洋神社還在城牆馬道上種植小棵的龍柏，以營造神社祭祀的肅穆氣息。

「震洋神社」屬於日軍的「營內神社」，應該與一般神社一樣，有本殿、鳥居、參道、手水舍及石燈籠等；但會因戰地侷限，才少了部分的神社建築物。譬如在左營震洋神社的遺址現地，並無發現石燈籠的遺構。

四、震洋隊防空壕的配置與現況

西自助新村的眷舍清空後，在西自助新村與海青工商的校園內，陸續發現了十七個震洋隊的防空壕。其中有十六個尺寸相同、造型特殊，為「雙開式寶瓶」，居民們則稱之為「圓形防空洞」。突出地面的壕體長八公尺、寬四公尺，兩側都有紅磚階梯通往洞內。半圓形的洞口外部寬兩公尺，混凝土厚達五十八公分，且為混凝土一體成形，裡頭包覆著鋼筋。從現地遭破壞的防空壕來看，還可見鋼筋裸露在外。防空壕內的躲藏空間呈半圓形，直徑約三・八五公尺，中間地面離圓頂二・一公尺，四周設有兩個半圓形的水泥座台，約可坐二十人。洞內的中央可以放置桌子，除了可在此躲避美軍轟炸外，部隊也可於此辦公。防空壕頂部，另設有外徑十六公分，深度四十三公分的陶製通風管。

另於自助新村活動中心南側的圍牆下方，有個方形的大防空壕，體積較圓形的防空壕大上很多。此壕頂部有兩根鐵管，兩側各有出入口，所在位置是現在的必勝路旁，及三個震洋隊營區的中央，因而可能是三個震洋隊的指揮中心。從日軍接收清冊的位置圖來看，可知當時這裡有一個木造平家、地面三坪的當值室（戰情室），在物資清冊中，則顯示震洋隊的當值室設有電話機，因此位於活動中心的這個方形大防空壕，應為重要的地下指揮中心。

另外，海青工商是第三十一震洋隊的基地。在籃球場旁的樹林內，也發現了一個圓形防空壕。海軍子弟學校校友李成龍回憶，過去校園

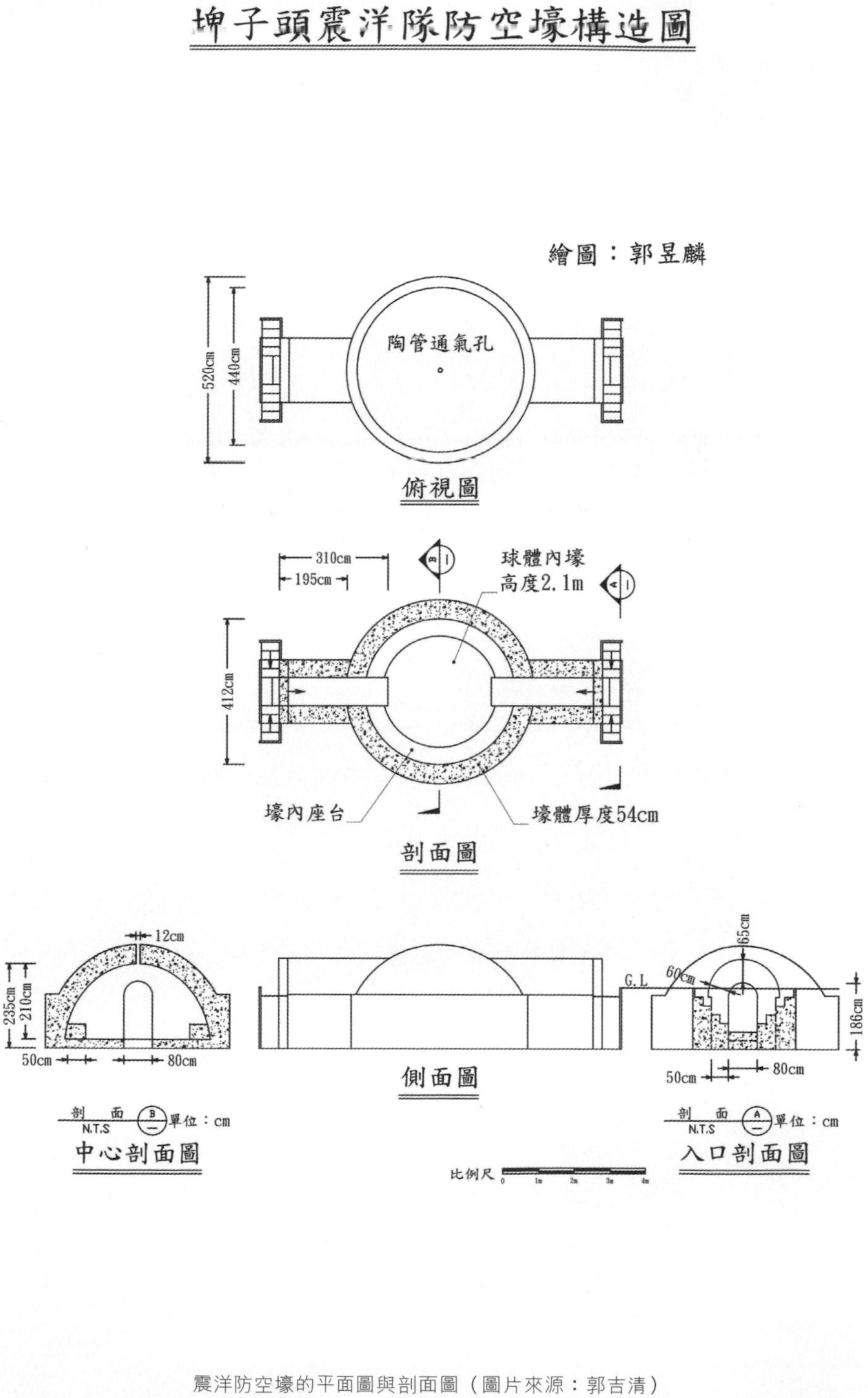

震洋防空壕的平面圖與剖面圖（圖片來源：郭吉清）

內還有三個圓形防空壕：一個在小學廚房、福利社附近、近勵志新村的地方，一個在紅樓校史館階梯下面，另一個則位於現今教學大樓的南側。

一九四五年一月，埤子頭三個震洋隊的木造營房全數竣工。以防空壕數的配置來看，一個圓形防空壕可進駐二十到三十名隊員，三個震洋隊總人數約為五百四十人（一隊編制一百八十人，三隊共五百四十人）。若以一個防空壕進駐二十五人計，合理的圓形防空壕數應為二十二，而這個數字也與目前已掌握之資訊：西自助西村十六個，海青工商的四個防空壕，數目大致符合。

建造營舍時，因考量廢水排放設計，在廁所裡設有化糞池；池內設有陶管，以將汙水排入水溝中。在營區道路的下方，也有發現陶製的汙水排放管，以將營區汙水排至北側的南海大溝中。

日本海軍因將震洋隊視為秘密決戰部隊，故選定隱密的地點為部隊營區；再者，由於日軍也假設震洋艇出擊後，營舍與格納壕會被美軍發現並遭轟炸，所以高雄警備府才決定將三個震洋隊的營舍藏於舊城城內的樹林裡。原來看似凌亂的防空壕及木造房屋，其實是日軍隱藏神秘震洋隊的精密計算；這些遮蔽營舍的芒果樹及龍眼樹目前仍老當益壯，而於老樹底下，也可輕易找到當時的防空壕。

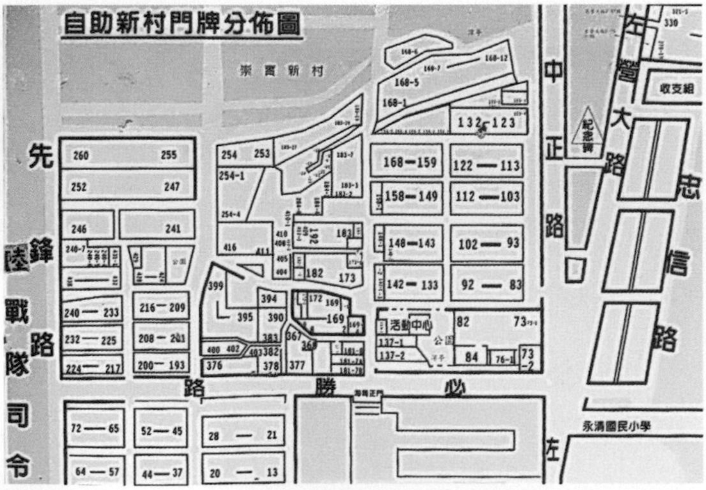

自助新村門牌分佈圖（圖片來源：廖德宗）

以下由北而南對照「震洋隊遺址配置圖」，介紹這些防空壕的現況：

一號防空壕：位於西門砲台前方。眷舍拆除時，起先在水泥地上發現一撮青草，拔除青草後，發現一個通氣孔，且水泥內有鋼筋。起初以為，這是一個地下蓄水池，經整理後整個壕體才呈現在大家面前。戰後，一六八之六號的吳家將一半的壕體圍在庭院內，外露門前的另一半，則因頂部看起來像墳墓而被打平。目前，頂部通氣孔蓋有磚塊，其他的部分壕體部與出入口都遭到建築廢棄物掩埋。

二號防空壕：位於一六八之五號的詹家圍牆旁邊，當初因為發現詹家圍牆在此的轉折不太尋常，經探勘後發現，這裡就是防空壕的入口。目前，頂部的通氣孔上蓋有磚塊，入口階梯保持紅磚原樣，從洞口窺探，可見防空壕的內部。

三號防空壕：目前仍深埋於地下，由李成龍指認後確定。戰後，一八三之一四號的住家將整個防空壕鋪平墊高，並把房舍蓋在上面。經比對震洋隊營舍分布圖後發現，這個防空壕位於「薄隊長士官舍」旁邊。

四號防空壕：此防空壕位於西門砲台南邊，老芒果樹下、德民幼稚園門前，因外露路邊、進入容易，成為眷村中格外顯眼、回憶深刻的防空洞之一。目前，頂部的通氣孔清晰可見，其他壕體與出入口則遭

1 號防空壕（攝影：郭吉清）

2 號防空壕（攝影：郭吉清）

4 號防空壕（攝影：郭吉清）

3 號防空壕（攝影：郭吉清）

6 號防空壕（攝影：郭吉清）

5 號防空壕（攝影：郭吉清）

8 號防空壕（攝影：郭吉清）

7 號防空壕（攝影：郭吉清）

土石掩埋。

五號防空壕：一八四之一四號住戶將此防空壕鋪平墊高，並把整間房子蓋在上面。眷舍拆除時，因在邊坡發現防空洞入口才得以確定。目前，頂部的通氣孔清晰可見，壕體其他部分與出入口則遭磚石掩埋。

六號防空壕：位於一八四之七號黃宗軒家裡的庭院內。壕體三分之一外露，西邊入口蓋有鐵板，東邊入口可以進出。此防空洞內，留有日製的陶燒管。

七號防空壕：剛好蓋在拆除後的城牆上。戰後，因位於一八四之一號住戶的圍牆內，所以外人無法窺探。目前壕體三分之一外露，入口則遭磚石掩埋。

八號防空壕：戰後，位於一八三、一八四號的住戶正門前，導致住戶平常出入需繞道而行。因為在路邊極為顯眼，成了大家研究的對象。此壕有一半壕體外露，入口的一半則因遭磚石掩埋而沒辦法進入。

九號防空壕：是目前唯一可輕鬆進出的防空洞，且因入口電線桿上的字樣，而被稱為「防空救國防空洞」。當初遮掩防空洞的老龍眼樹仍然健在，而震洋隊員過去就是在龍眼樹上對空監視。此防空壕經舊

9 號防空壕（攝影：郭吉清）

9 號防空壕內部。（攝影：郭吉清）

城文化協會整理、清掃後已呈原樣，通氣孔與內部座台都完整地留存，但兩邊入口的階梯已被住戶改造過。在眷村拆除前，這裡曾被佈置成「鬼屋」，供人參觀。

十號防空壕：位於一七三號佳佳飲食店旁邊。住戶曾在裡頭飼養雞鴨，後因妨礙空間使用，花了約十萬元挖掉三分之二的壕體，目前三分之一的入口仍然可見，且有鋼筋外露的狀況。

十一號防空壕：位於路口的公佈欄底下，但上面覆蓋了水泥平台。要仔細翻找，才能看到半圓形的入口。

十二號防空壕：位於活動中心後面、王家燒餅的圍牆下，與旁邊的方形大防空洞相通。民國八十幾年，社區發展協會挖除此壕的一半，目前仍可見頂部外露的鋼筋與東邊的入口。

十三號防空壕：此防空洞最為特別、傳聞也最多，其位於果樹林最茂密的區域，旁邊環繞四個兵舍，研判此為三個震洋部隊的戰情中心：上面有當值室，洞裡有電話，還有傳聞中、一台黃油塗封的車子被從洞中吊起過。壕體原深埋於地下，後因高雄大學研究團隊挖掘發現，才證實與傳聞相符：這個防空壕是方形的，頂部有兩根鐵管。目前北邊的入口與長方形頂部都已出土，但其他部份仍深埋於地下。

10 號防空壕（攝影：郭吉清）

11 號防空壕（攝影：郭吉清）

13 號防空洞（攝影：郭吉清）

12 號防空壕（攝影：郭吉清）

15 號防空壕（攝影：郭吉清）

14 號防空壕（攝影：郭吉清）

17 號防空壕（攝影：郭吉清）

16 號防空壕（攝影：郭吉清）

十四號防空壕：位於一八一之七A的住戶後面，靠近必勝路的圍牆，原不為人知，但眷舍拆除後，高雄大學研究團隊清空壕體邊土，使防空洞外觀完整呈現。此壕兩邊入口都可進入，但內部空間多遭汙泥填埋。

十五號防空壕：位於「昭和水管」的樹林內。目前，入口與壕體內部均遭垃圾與雜物淹沒，但頂部的通氣孔仍清楚可見。

十六號防空壕：緊臨拆除後的西門而建，位於戰後、三八二號的劉宅裡。眷村拆除前，曾被佈置成「貞子的家」供人參觀。

十七號防空壕：這是海青工商校園內，目前唯一可見的防空洞。位於籃球場旁的樹林中，但僅通氣孔頂部外露地面。依田調與估算，第三十一震洋隊基地的海青工商應有四到五個防空洞。但由於七十年來多次興建校舍，這些防空壕多遭破壞與掩埋。雖遭掩埋，但確定仍存在者有兩處。其中一個位於目前紅樓校史館樓梯下方。另一個則位於行政大樓與中央大道的交叉口。此外，還有一個在地下。另經李志強、李成龍、陳繼之的田調口述，三九五號原邊家住宅的後院，有個「無人敢進去的地道」入口。裡頭有條不知通往何處的地道，目前仍有待現地挖掘與確認。

五、左營海邊的震洋艇格納壕

依震洋隊隊員在《回想薄部隊》書中所述，停放震洋艇的山洞「格納壕」共有四座。入口位於壽山道路上，出口在海邊，而每座「格納壕」的長度都達約一百公尺，從埤子頭部隊的營舍走到格納壕，則要花上三十分鐘。這四座格納壕的確切地點是在「萬象館」與陸戰隊「火牛營區」之間，但因目前仍為軍事管制區，無法進入勘查。因此，第二十、二十一、三十一震洋隊使用的這四座「格納壕」仍未確切證實。

目前發現的兩座「格納壕」，位於壽山北側「萬象館」的南方三百公尺處，依《人間兵器——震洋特別攻擊隊》日文版記載，第二十九震洋隊原先將派駐菲律賓馬尼拉，但因戰況不利於日軍，才緊急改派高雄警備府。一九四五年（昭和二十年）一月，他們進駐左營要港後，便將震洋艇藏匿於壽山山腳的龍眼樹叢後。接著，所有隊員同心協力，以三班制輪流挖掘隧道，在四月底才完成基地建設。因此，目前發現的這兩座「格納壕」，為第二十九震洋隊永井部隊所造。

第一座格納壕：寬三・四公尺，高三公尺，長一〇八公尺，洞口向

壽山第一座格納壕（攝影：郭吉清）

內五公尺均以混凝土牆構築，內部其他地方則都是岩壁，沒有混凝土的保護。此格納壕的洞口距離海邊約三十公尺，洞口留有三條鏽蝕的鐵軌。

第二座格納壕：位於第一座的南方八十公尺處，長三十三公尺（後方已坍塌）、寬二・九三公尺、高二・四七公尺，洞口距海邊約六十公尺，前面五公尺以混凝土牆構築，內部其餘部分均為石灰岩壁。洞口有兩條生鏽的鐵軌及兩個生鏽的汽油桶，旁邊有一個簡易的混凝土蓄水池：長二・一公尺、寬一・四公尺、深〇・七公尺。原來洞口的鏽蝕鐵軌，如今保存於左營軍區故事館內。

第二座格納壕的岩壁上方，也就是柴山「萬聖公祖」石頭公古廟（又稱姑娘廟）下方的六十公尺處，發現一個日軍營舍的遺跡，尚存有爐灶及觀測所。營舍依原有洞穴建造：深約十公尺、寬二・八二公尺、高二・一八公尺，內部以混凝土牆構築。此觀測所倚著營舍上方，高約二十公尺的天然石壁建造，並以上面的一棵大榕樹為天然掩護。因此，無論上下均需攀爬。日軍在石壁上開鑿L型的掩體通道，並在內部築以混凝土牆。此觀測所視野極佳，可以一百八十度監視整個海岸線；而且其為陸軍觀測所，可於夜間訓練時，以發光信號與海面上的震洋艇相互聯絡。

壽山第二座格納壕（攝影：郭吉清）

目前震洋艇格納壕的遺址位於壽山軍事管制區的範圍內，雖然可從柴山部落的「海角咖啡店」往北攀爬海岸礁岩、抵達遺址，但困難度頗高；若沒有向軍方申請專案，不太可能到達。

另外，日軍還設有高雄蛟龍隊（特殊潛水艇），與震洋隊共同操練，蛟龍隊的基地推測是位於目前的「萬象館」。戰後，國軍接收三艘蛟龍艇（五人座潛水艇）。為了偵測美軍潛艇，日軍也在目前「萬象館」位置設置水中聽音所，於海底設置水中聽音機，並有電纜連至岸上。後來，又增設人工魚雷發射臺，統稱「水射堡」。二〇一五年，陳金村來到萬象館的現場時回憶道，他在參加震洋艇訓練時，曾見過小型的潛艇在這裡的防波堤進出。

六、第二十九震洋隊所在地

二戰末期的一九四四年，共有四支震洋隊最後派駐左營。其中，第二十、二十一、三十一震洋隊如前所述，位於左營埤子頭。第四隊（第二十九震洋隊永井部隊）的營區究竟位於何處？

按國軍接收檔案「國有財產引渡目錄（高雄地區）」及「桃子園震洋隊基地配置圖」的資料，再比對當今航拍圖中的山坡地形、道路、

桃子園震洋隊概略位置圖（底圖：2018 年 Google 衛星影像）

南海大溝的位置及海岸地形可知，第二十九震洋隊的營區正好座落於南海大溝出海口的南邊，也就是現在的桃子園陸戰隊火牛營區，此地無論地形或道路系統都沒有改變。第二十九震洋隊駐紮營區的規模，有三個震洋隊的大小。第二十四震洋隊若松部隊、第二十五震洋隊和田部隊，二十八、三十震洋隊都曾短暫駐紮此地。在營區的重要路口曾設有三個「番兵塔」（衛兵哨），但因目前營區仍為軍事管制區，無法進入勘查。

第八章 訪日回溯之旅

chapter 8

一、搭機前往日本福岡——薄隊長的故鄉

歷史的巧合總是令人驚嘆，有時看似毫不相干的人事物，冥冥之中竟有意想不到的連結，而這種肇因於行動串聯的發現，也讓歷史事件與地景變得格外生動且饒富意義。

為了印證並尋找能夠為七十年前隱藏於舊城內之特攻部隊作見證的人事物，我們決定來一趟回溯之旅，目的地是日本九州的福岡、佐世保及鮮為人知的長崎縣川棚町。之所以安排福岡為此程的首站，是因為此地是「薄隊長」的故鄉，而薄隊長的後代今天仍住在這裡。況且臺灣並無直飛佐世保的班機。

二〇一七年初夏的五月十五日清晨，我們從「震洋特攻隊遺跡」所在地的左營出發，驅車前往桃園中正國際機場。之所以開車遠赴桃園搭機，是因高雄直飛福岡的班機太少且票價昂貴。下午三點多抵達桃園南崁，我們將車子停在甫通車的機場捷運「山鼻站」後，搭乘甫完工的機捷進入第一航廈，搭上班機七七七大型客機。當天天氣極為晴朗，自機窗鳥瞰下去，海面上有許多船隻，不禁想像，當年美軍的艦載機也是如此俯瞰海上的船艦、尋找目標，然後伺機對敵人發出粉碎性的致命攻擊。座位前方，顯示器上的航跡圖顯示飛機高度為九九七八公尺，室外溫度攝氏零下二十八度，距離目的地福岡

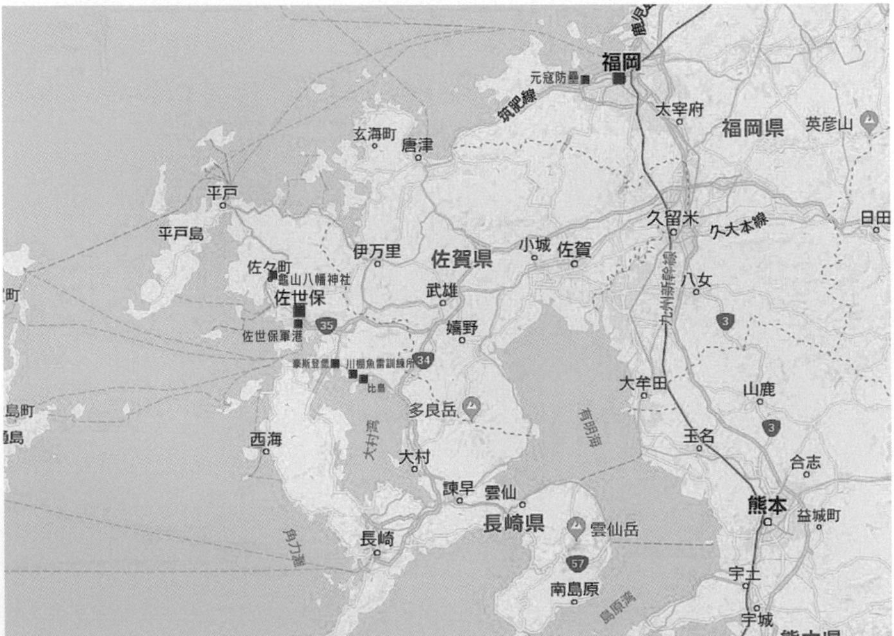

一千三百六十公里，航行時間兩小時十五分。

看著這些資訊，腦海浮現以下的影像：七十年前，有批涉世未深的少年兵，正從反方向的日本國土出發，乘船航向未知的世界；他們很清楚，自己正走向「自殺」之路，而支撐此次行動的，則是「為國捐軀」的榮耀感；他們深信，為國犧牲極為光榮，而身為軍人，「怕死」是多麼可恥懦弱；雖不免感到恐懼，說不怕死是騙人的，但也正是這種集體民族信念的氛圍，驅使這些鬥志高昂的年輕肉體，勇往直前奔向臺灣。

從桃園到福岡的直線距離為一千三百六十公里，左營到佐世保的直線距離則為一千五百六十公里。當年，特攻部隊若自佐世保乘船出發，以時速十四．二海里，也就是十四．二節的速度航行，約兩天半可抵達左營；而今天搭乘飛機，只要兩個半小時就到了。當年「薄隊長」與基地隊隊長為了提前部署，並未與隊員一同搭船，而是直接搭機前往高雄左營。

此次在福岡與「薄隊長」之子會面，是透過臺灣神社專家金子展也先生安排的。金子先生目前擔任神奈川大學「非文字史料研究所」的研究專員，專攻臺灣日本神社史。他在二〇〇一年到二〇〇六年期間，由日立公司派駐臺灣，自此與臺灣神社結下了不解之緣。據他估計，

右頁：震洋隊相關遺址訪日回溯之旅簡圖（套圖：郭吉清，底圖：2018 年 Google 地圖）

目前臺灣仍有四百多個神社遺跡，而他手上就有三百七十多筆資料。自二〇〇六年返日後的十年間，他回到臺灣，探訪了約兩百個神社，並在日本出版《台湾旧神社故地への旅案内——台湾を護った神々—》一書。此次能順利破解舊城上的「震洋神社」之謎，便是拜金子先生及神奈川大學「營內神社」專家坂井教授的大力協助。

五月十六日，金子先生自東京飛往福岡，來到我所住的位於博多車站前的旅店，與「薄隊長」的兩位兒子會面。我們會面的地點是在飯店大廳。傍晚六點二十分，金子先生抵達。三十分鐘後，薄隊長二兒子大賀誠治先生提了一袋資料出現在大廳。經由金子先生的介紹，我與大賀先生熱情地握手。當大賀先生打開他父親遺留的老相簿時，霎時間，隱藏於左營舊城七十年的震洋隊故事，終於得到了印證與奇妙的連結。

晚上七點整，薄隊長的大兒子「大賀正義」先生也現身了。在一九四五年（昭和二十年），第二十震洋隊的「薄隊長」復員回日本福岡後，隔年結婚。由於夫人大賀惠美小姐是獨生女，所以薄隊長為了繼承事宜改姓「大賀」，成了大賀先生。仍然健在的大賀夫人目前高齡八十九歲。大賀先生說，家族的原姓——「薄」在日本是稀有姓氏，他們的祖先可能為中國山東或山西的薄氏。

與薄隊長的兩位公子及金子先生討論薄隊長留存下來的老照片。（攝影：郭昱廷）

薄隊長的兩位兒子都很優秀，一位是牙醫，一位是醫學博士及醫院的副院長，專攻脊椎、脊髓。他們說，長相英俊的父親身高一百七十公分，一生鬥志高昂，復員回福岡後，經營頗有規模的麵包蛋糕工廠，員工有一百多位，而他們的產品「大成蛋糕」也頗負盛名。之前，名店「長崎蛋糕」廠曾想合併「大成蛋糕」，但大賀先生沒有答應。由於太過拚命和勞累，薄隊長在六十六歲時罹患癌症，並於隔年過世。他的相簿裡，珍藏著七十年前，舊城內震洋隊營舍的原版照片，為左營歷史留下了罕有的珍貴記錄。另外，「薄隊長」出征時配戴的短刀，仍收藏於家中，成為傳家之寶。

大賀誠治說，父親最懷念高雄的烏魚子與米粉湯，對吃不完的甜芒果也印象深刻……。一九七七年（昭和五十二年）九月，父親與昔日戰友第一次、也是唯一一次重返高雄舊地，尋找震洋隊營舍。但那時，過去的營地已蓋滿房屋，所以找不到遺跡。之後，他們重遊蓮池潭春秋閣舊地，並到西子灣沙灘設案祭拜「戰死」戰友，然後帶著感傷的心情返回日本……。大賀先生家中，仍留有父親寫的〈臺灣紀行〉文稿。後來，「薄會」戰友陸續有人重遊高雄，但目前多數隊員都已過世，沒辦法再出來聚會了。

與大賀先生共進晚餐後，我漫步於夜晚的博多街上，此刻人車稀少，商店多已打烊，而住家則紛紛透著柔和的燈火。深夜的博多街道平整

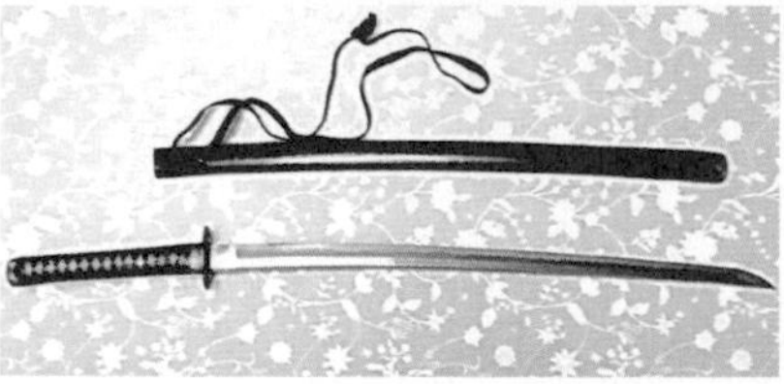
薄隊長出征時配戴的短刀。（圖片來源：大賀誠治）

筆者〔右二〕在福岡與金子（左一）、大賀誠治（左二）及大賀正義先生（右一）合影（攝影：郭昱廷）

乾淨，街角盛開著花卉，沁涼的空氣令人備感舒適與和緩。舊城震洋隊的故事讓左營與福岡有了連結，大賀先生保存的相簿和短刀，見證了舊城的歷史。薄隊長的故鄉在福岡，而薄部隊當年則駐守於舊城城牆邊；巧合的是，在日本福岡市也有一處城牆古蹟——比左營舊城更加古老的「元寇防壘」。

二十公里長的「元寇防壘」為鎌倉時代（一一九二—一三三三）北九州博多灣一帶的石築防壘，是一二八一年（日本弘安四年）時為防範蒙古軍登陸而建。最後，因石牆防禦與颱風來襲，兩萬蒙古大軍被迫撤退。六三三年白江口之役後，防壘持續用於防衛，到了江戶時代（一六〇三—一八六七，又稱德川時代）時，多數石頭則用於建設福岡城，並於一九三一年指定為國家史跡（国の史跡）。目前其中數段石城遺跡被保留下來，比方說今津段防壘與西新段防壘。如今挖掘出來的今津段長二百公尺、高三公尺，經過數世紀的滄桑，石塊已呈暗黑色。另一處的西新段較短，僅剩二十公尺長、八十公分高的地下城基，旁邊還有一座守護著古城牆遺跡的「元寇神社」。西新段位於市區的西新，自地鐵西新站步行約二十分鐘可抵達，距離博多灣的今津段防壘約三公里遠。

因時間有限，此次我僅參觀了西新段的「元寇防壘」。石城遺跡位於一片松林之中。然而，甫步入林內，或因入侵了烏鴉的地盤，馬上

有七百多年歷史的福岡「元寇防壘」古城牆（攝影：郭吉清）

遭到三波猛烈的俯衝攻擊，一看苗頭不對，我在快速拍完照後，便倉皇撤退。

二、參訪佐世保軍港與八幡神社

五月十七日早晨，我與金子先生一同搭乘JR列車西行、快速飛馳，只花了兩小時十分鐘便抵達了佐世保。佐世保車站位於東經一二九度四十三分，是日本最西邊的火車站。佐世保（させぼしSasebo）市中心在江戶時代是一個漁村，明治時代（一八六八—一九一二）日本海軍在此設置佐世保鎮守府，因此成為日本西側海域的防衛重心，與橫須賀、吳港、舞鶴並稱「日本四大軍港」。二戰後，美國海軍第七艦隊接收原來的日本海軍基地設施，此地成為駐日美軍的佐世保海軍基地，一九五四年之後是日本海上自衛隊的基地之一。佐世保素以造船及國防工業聞名，也是九州最大的主題樂園「豪斯登堡」的所在地。因美軍駐防的關係，佐世保漢堡頗負盛名。

當年所有的海軍特攻部隊，包括震洋、回天、蛟龍、海龍、陸特艇等，都在佐世保南方二十公里處的川棚魚雷臨時訓練所集訓。結訓後，全由佐世保港搭船前往駐地、準備迎戰美軍。佐世保港是所有特攻隊員離開祖國的起點，出了外港後，多數船隻遭到美軍魚雷潛艇的無情

佐世保車站是日本最西邊的火車站（攝影：郭吉清）

盤踞於「元寇防壘」樹林內，對生人頗不友善的烏鴉。（攝影：郭吉清）

攻擊，不是命喪大海，就是因船破而倉惶回港。而當年對抗彼此的雙方，如今卻共處於一港，其中日本人的心路轉折，恐怕是千腸迴轉。

當年，美國以兩顆原子彈毀壞日本的城市，也摧毀了日本的經濟，好似從精神上徹底征服日本人，使其成為美國人的禁臠。但事實上，在日本扔下原子彈的美國人，戰後反而幫了忙，將日本改造成先進、繁榮、充滿活力的社會，而日本民眾也沒有因戰敗而遭到壓迫與歧視，無論國家的創造性或民族性，都有淋漓盡致的發揮。原子彈結束黑暗的軍國主義，也帶給日本民族嶄新的前途，這樣的歷史發展著實弔詭。白天的佐世保大街上，隨處可見穿著便服的美軍，深夜裡，穿著迷彩裝的男、女美軍在街上蹓躂，他們放風休假，讓人隱約感受到日本人樂於接受美國的駐防。

為了看清佐世保港的全貌，我租了車，將車子開上海拔三百五十公尺的弓張岳觀景台——眺望佐世保港市的高點。站在觀景台上，右邊可見聞名遐邇的「九十九島」美景，左邊則是佐世保港。此一舊港位於佐世保灣內，三面圍繞蜿蜒的天然岬灣，水深隱密；如此天生、絕佳的自然良港，與平直沙岸上的左營軍港截然不同。港內最顯眼的，莫過於美軍基地裡的航空母艦、六艘驅逐艦及鎮守府時代所建、有著灰色屋頂的紅磚倉庫。更遠處則為日本海上自衛隊的碼頭、重工造船廠，及美軍基地的彈藥及油料庫。佐世保港距離南韓釜山港僅兩

佐世保鎮守府凱旋館今貌（攝影：郭吉清）

佐世保龜山八幡神社的三鳥居、寫著「西海鎮護」的大木匾及「三勾玉」社徽（攝影：郭吉清）

百三十公里，距濟州島三百公里，距中國上海八百二十公里，但距離高雄左營港則有一千五百六十公里。

佐世保之行，除了親眼一睹軍港的面貌，參訪「龜山八幡神社」也是重點行程。

佐世保的八幡神社位於市中心、佐世保市政府的東北方、國道二〇四號旁邊，距離火車站二．五公里。這座神社祭祀軍神神格的八幡大神——應神天皇、神功皇后，還有仲哀天皇、仁德天皇、保食神共五柱主神。除了主神社之外，還圍繞著鎮守神社、事代主神社、龜山稻荷神社、山祇神社、大神社、幸神社、龜山祖靈社等七個次神社。自明治時代起，龜山八幡神社便成為佐世保軍港官兵的信仰中心。一九四五年六月二十九日清晨，佐世保大空襲時，神社遭焚毀。戰後的一九六四年，重修為目前的鋼筋混凝土建築。神社主殿的屋頂上，鑲著「三勾玉」的巨大社徽，大門門額懸掛著寫上「西海鎮護」的大木匾，氣勢十分雄偉。

據《回想薄部隊》回憶錄所載：「……十一月七日，為了祈求征途順利，一大早全體人員便穿上軍裝，從佐世保防衛隊急行快走，往返市區的八幡神社進行參拜。我想隊長或許是想了解我們的體力能耐，才會讓我們以疾行的方式前往參拜，不過大家在奈良海軍航空隊期

高雄左營的「震洋神社」，分靈自日本佐世保的「龜山八幡神社」。（攝影：郭吉清）

佐世保龜山八幡神社的「西海鎮戶」大木匾與「三勾玉」社徽（圖片來源：郭吉清）

佐世保「龜山八幡神社」的祈福御守（攝影：郭吉清）

佐世保軍港為日本四大軍港之一，目前日本海上自衛隊與美軍共用此港。（攝影：郭吉清）

目前佐世保軍港的美軍基地入口
（攝影：郭吉清）

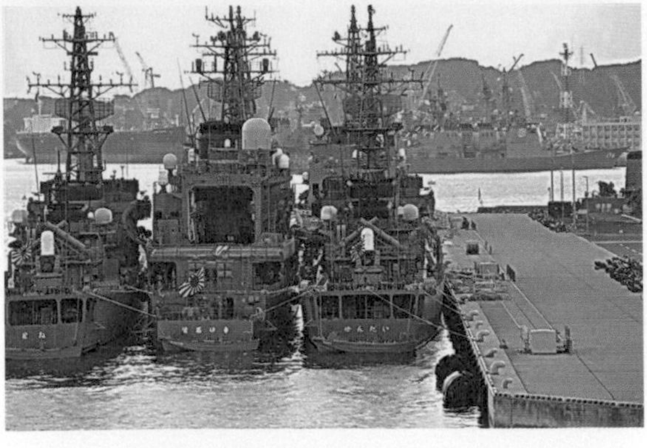

目前佐世保的日本海上自衛隊船艦
（攝影：郭吉清）

間，早已將體能鍛鍊得非常好，因此這點程度根本不算什麼。前往神社的路上，我們經過像神戶那樣、有著狹長街道的城鎮，走了應有三公里遠……」。這段回憶講述一九四四年十一月七日，薄部隊出征高雄前夕，為祈求征途順利，自佐世保南方三公里處的防衛隊駐地急行至市區的「龜山八幡神社」參拜。因佐世保八幡神社為海軍官兵的守護神，故推測川棚基地內的一百多支震洋隊，及回天、蛟龍、海龍、陸特艇等特攻部隊，都以急行軍的方式到八幡神社參拜，並將此視為既定的儀式與訓練。薄部隊在舊城西城牆上所建的「震洋神社」，是薄隊長自佐世保出發前就做好的計畫，包括分靈儀式與建造神社的木匠，都已事先選定。

五月十七日，我們抵達八幡神社時正好是中午，社務所內僅有一名看顧紀念商店的巫女；原本打算請教左營震洋神社的分靈，與神社焚燬後繳回神體的大問題，因為神官休假，只好留待後續追查。

三、參訪川棚魚雷艇訓練所遺跡

五月十八日，我在佐世保車站租了車，開往東南方的川棚町。今天的行程是參觀「川棚魚雷艇訓練所」的遺跡，也是「回溯之旅」中最重要的景點。這裡是七十年前，所有「人間兵器」駕駛人的養成之地，也是改造年輕人想法、促成「為國捐軀」自殺意志的大本營。

途中，車子駛過著名的豪斯登堡（Hausutenbosu）主題樂園。在樂園西邊，只見三根高聳入雲的尖塔映入眼簾；這些異常醒目、每根高達一三六公尺，且自十多公里就看得見的尖塔，是日本的國家重要文化財——舊佐世保無線電信所（針尾送信所）的電訊塔。在日治時期，舊佐世保無線電信所（針尾送信所）、臺灣的海軍鳳山無線電信所及千葉縣的船橋送信所，稱為日本三大無線電信所。車行約半小時後，國道二〇五號旁出現白底黑字的「特攻殉國之碑」路標牌樓，右轉後往海邊繼續開，便抵達訓練所的遺址。

震洋隊的訓練基地原為橫須賀水雷學校，因船隻出入東京灣過於頻繁，而遷移至川棚。成立於一九四三年（昭和十八年）的臨時魚雷艇訓練所，確切位置在長崎縣大村灣的川棚町小串鄉。在當地地主八木原的協助下，軍方買進約五十公頃的大片土地，興建總部與兵舍，並於隔年五月正式啟用。

除了震洋隊之外，回天、蛟龍、海龍、伏龍、陸特艇、水雷艇等特攻部隊的練習生也在此受訓；在高峰時期，在此地受訓與後勤人數多達一萬多人，使得當地的小串鄉車站變得異常繁忙。大村灣為長二十五公里、寬十五公里的封閉性海灣，僅北方的針尾瀨戶（小海峽）

川棚魚雷訓練所遺址的棧橋基座（攝影：郭吉清）

川棚魚雷訓練所遺址所在地的「特攻殉國之碑」，刻有3,200多名犧牲於二次世界大戰的特攻隊員姓名；這些人都是戰爭的受害者。（攝影：郭吉清）

面積約300坪大的「特攻殉國之碑」及資料館園區入口（攝影：郭吉清）

與佐世保灣相通；灣內平靜無波，因此成為特攻部隊的訓練基地。不過也因為這裡的訓練水域過於平靜，與後來進駐的戰場海域差異極大。第二十震洋隊進駐左營後，在一次波濤洶湧的外海夜間訓練中發生意外，七位搭乘員成了日本人口中的護國英靈。

訓練基地遺址如今大都成為私有地，蓋滿了住家。「特攻殉國之碑」位於基地遺址的中心點，約三百坪；此紀念碑為一九六七年以當年激戰之地——科雷希多與沖繩島的石頭建造，碑上刻有三五一一名殉國特攻隊員的姓名。碑前鮮花與香菸繚繞，參觀者絡繹不絕。紀念碑的入口，豎立著「川棚魚雷艇訓練所跡」的石柱，碑旁還設有一間可預約參觀的「特攻殉國之碑資料館」，牆上展示著兩塊棧橋木板文物、一比四縮小版的震洋艇模型。基地遺址前方的水域是大村灣，在離岸邊不遠之處，可見棧橋基座的遺跡。另外，在基地遺址的範圍內，包括醫院紅磚圍牆及震洋艇滑水道的遺跡，都被保存下來。

在「特攻殉國之碑」東南方約三公里處的「比島」，有當時的海軍極先進武器訓練場——「魚雷發射實驗場」。然而，魚雷不都是在船艦上，怎會有陸上的發射台呢？一般人們單憑想像，難以確知當時的狀況。在發射實驗場的遺址，有個說明牌解釋道：「……海軍工廠設立於佐世保港的北岸。一九一八年，為了試射工廠生產的實驗魚雷，而在川棚村安裝試射場，並設置觀測所以監看試射狀況。太平洋戰爭

川棚魚雷訓練所遺址的石柱（攝影：郭吉清）

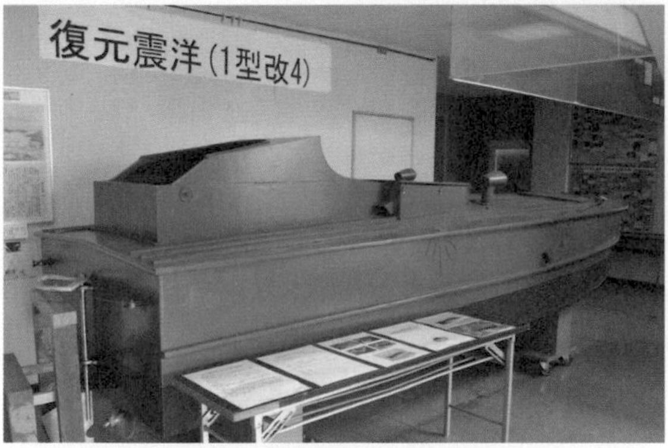

川棚片島的「魚雷發射實驗廠」工廠遺跡（攝影：郭吉清）

川棚鄉土館內展示的複製一型震洋艇（攝影：郭吉清）

川棚鄉土館展示的複製一型震洋艇及其駕駛座（攝影：郭吉清）

爆發後的一九四二年（昭和十七年），川棚村設立了魚雷組裝工廠，魚雷發射實驗基地遂進一步擴大……。」

原來此處正是魚雷發射實驗場。遺址現場留有當時的組裝工廠隧道、實驗場總部建築、海中發射台、總部到發射台軌道海堤、觀測所及一座營內神社。同時，川棚的比島也是第一〇六、一〇九、一四三及一四四震洋隊的駐地。

參觀至此，讓人想起文獻中的記載：高雄左營桃子園的「水射堡」及日軍曾在彌陀漯底山海邊設置的「魚雷發射堡」，其發射裝置應與「比島」的實驗場雷同。預備發射時，士兵都要以滑輪將魚雷吊運至軌道的吊架上，連接魚雷的金屬線經滑輪引入引擎、啟動螺旋槳，然後推動魚雷，使其沿著滑道下水發射。

二〇一七年五月，筆者赴日尋訪與震洋隊相關的人事物。旅程雖僅三天，但對於了解震洋隊建構、遺留於舊城內的地景之內涵與來龍去脈，有了不少初步的線索，希望有助於未來重建、復原舊城軍事史蹟的工作計畫。

川棚片島「魚雷發射實驗廠」的魚雷發射台遺跡（攝影：郭吉清）

1．回天自殺潛艇：二戰末期，日本展開特攻作戰時，開發名為：⑥金物的自殺式兵器，也是日本軍初次的特攻武器。別稱：人間魚雷，有「逆轉戰局」之意，為人手直接操舵的魚雷潛艇，直徑一公尺、總長十五公尺，內部搭載一名乘員。

2．格納壕：日文為「儲納庫」之意。本文專指停放及隱藏震洋艇的山洞隧道。格納壕通常建於海岸或河谷邊，高約三公尺，深約二十至五十公尺不等，內部多鋪設鐵軌，以利震洋艇進出。

3．本部付：有階無職的待職軍官，配屬大隊或聯隊本部。通常為技術軍官。

4．灣生（わんせい）：日治時期，出身臺灣的日本人及日臺通婚者的兒女。戰後，灣生與在臺日人多被遣返回國。

5．高雄警備府下有三個與營建工程相關的單位，施設部、建築部、設營隊。設營隊的隊員為一般營建技術人員，沒有接受軍事訓練。

6．二戰末期日軍海上特攻部隊，原日本海軍為「震洋特攻隊」，陸軍所屬的稱為「陸軍海上挺進戰隊」。陸軍海上挺進戰隊規模比海軍震洋特攻隊更大，配備小型戰鬥船舶「マルレ艇」（正式名稱為四式肉薄攻擊艇，秘匿代稱為連絡艇、レ艇）並搭載250公斤的深水炸彈，原本開發目的為接近攻擊目標後投下炸彈後離開，但最後還是以特攻兵器投入特攻作戰，在臺灣的編制包括有海上挺進第五、八、二十、二十一、二十二、二十三、二十四、二十五戰隊。

7．佐世保鎮守府：位於長崎市佐世保市的日本海軍鎮守府，通稱佐鎮（さちん），鎮守府是過去日本海軍的根據地及監管艦隊的機構，前身為一八七一年的海軍提督府。一八八六年之後，沿岸海面分為五個海軍區，並相繼設立橫須賀、吳、佐世保、舞鶴等鎮守府與軍港。

8．山田茲郎：奈良海軍航空隊的司令官。

9．德國V2：二戰期間，納粹德國研製的一種短程彈道飛彈，為世界上最早投入實戰的彈道飛彈；可負載一千公斤的高能炸藥彈頭，射程達三百公里遠。二戰後期，德國的V2火箭曾飛越英倫海峽、轟炸倫敦。

10．大村灣：位於日本長崎縣中部，是二戰時期震洋隊與魚雷艇的訓練海灣，南北長約二十六公里、東西寬約十一公里、面積約三百二十一平方公里，灣內島嶼眾多，面積最大者為針尾島。

11．針尾海兵團：海兵團為舊日本海軍內部，各鎮守府所設立的基礎教育機構，並為艦艇及海軍機構提供兵員。針尾海兵團隸屬於佐世保鎮守府，戰後改為農地，現為主題樂園豪斯登堡的一部分。

12．「入湯上陸」：海軍用詞，可以下船上陸、外出洗澡以及外宿之意。因為艦艇用水非常寶貴，所以不用來洗澡。

13．半舷上陸：海軍用詞，因每艘軍艦分成左、右兩舷，半舷指的是半數人員。半舷上陸即是晚餐後至翌晨早餐前，兵員們可輪流外出，上陸洗澡。

14．木賃宿（きちんやど）：江戶時代街道中等級最低的廉價旅館。所謂「木賃」是「旅客自備白米炊飯、支付給店家的柴薪錢。」因此旅館不提供食物，旅行者甚至要自帶被褥。也被稱為「木錢宿」（きせんやど）。於一九一零年代中期時也曾存在於臺灣各地。參考蘇碩斌〈日治時期的臺北都市觀光—殖民與本地的交會〉，收錄於《第二屆臺北學國際學術研討會論文集》，頁二六七－二八六。

15．二等飛行兵曹：兵曹是二戰時期，日本海軍的階級名稱，層級約相當於我國的士官，而二等兵曹約相當於我國的下士。因震洋隊員視同海軍航空兵資格結業，故授予二等飛行兵曹的軍階。

16．和田部隊：第二十五震洋隊的隊長是和田恭三。一九四五年一月二十日，和田部隊於基隆上陸並移防左營。短暫停留後，進駐澎湖東鼻頭基地。六月時，奉命支援沖繩戰役，但船隊卻在臺中外海遭美軍轟炸，二十二名隊員戰死，最後退駐基隆至終戰。

17·一九四四年（昭和十九年）十二月二十二日，薄部隊入駐高雄左營埤子頭。隔年九月上旬，全隊移往海兵團集中營，並在埤子頭營區駐紮約十個月。

18·一九四四年十二月二十二日，薄部隊自左營港東碼頭下船，坐車途經戰備道路抵達埤子頭營區。此戰備道路即為軍區的中正路，當初是設計給飛機緊急起降的預備跑道。

19·竹內部隊的營舍靠近必勝路北側。栗原部隊的營舍位於現今海青工商的校園內。籃球場旁邊還有一個防空壕，預估這裡還有兩個深埋於地下的防空壕。

20·依《鳳山縣舊城城內歷史空間調查研究期末報告》（二〇一一），大正五年（一九一六年），日本人近藤武曾開墾此處所指的廣場並種植柑橘，之後此地荒廢為空地。因無樹林遮掩且未蓋營舍而成為震洋隊集合、打棒球及舉辦角力賽的場地。

21·千人針：日本人相信，只要多名女性每人在白布上縫一針並打上結後，便可為戰場上的軍人祈求平安。製成此護身符的白布長約一公尺，士兵常將其繫於腰間或縫在帽子上。但因洗滌不便，常為臭蟲繁殖的溫床。

22·「壽山格納壕」：依山本一美在回憶錄中所寫，他看到四個「壽山格納壕」：東邊的開口在道路旁邊，西邊出口則在海邊，研判這些格納壕的確切位置在目前的萬象館與陸戰隊火牛營區之間，但因位於軍事管制區內，至今無法證實。

23·泛水裝置：一般所指為登陸艦艇的裝卸斜坡。此處指的是震洋艇下水所用的斜坡裝置。格納壕內部鋪設了一條可直通海面的台車用鐵軌。船艇下水時，便從泛水裝置的坡道下水，之後艇車分離。

24·塞班島：位於關島北方兩百公里處，是美國北馬利安納群島自由邦最大的島嶼。塞班島戰役（BattleofSaipan）是二戰太平洋戰爭中，動用史上最大艦隊的戰役。一九四四年六月十五日至七月九日，美國海軍陸戰隊第二、第四師及第二十七步兵師在霍蘭中將的指揮下，擊敗齋藤義次中將指揮的日本帝國陸軍第四十三師團。島上約兩萬兩千名日本居民喪生，日軍至少三萬人陣亡。美軍士兵共有二九四九人死亡，一〇三六四人受傷。

25·屠蘇酒：相傳為漢代名醫華佗創製，因釀造於一種名為「屠蘇」的房子裡，故如此稱之。飲屠蘇酒的習俗東渡日本後，日本人習慣在元旦早晨，以「新水」敬神後放入屠蘇散；全家人一同喝用，以祈求平安。

26·格魯曼戰機（GrummanIron Works）：二戰期間，美國海軍主要的艦載機。面對日本零式戰機時，首架單翼艦上戰鬥機——格魯曼 F4F 野貓戰機是唯一能與之匹敵的艦載機。格拉曼 F6F 地獄貓戰機（Wildcat'sbigbrother）則為二戰中期以後，美國海軍的作戰主力。

27·B-24「解放者」式轟炸機（B-24Liberator）：二戰期間的一款美軍重型轟炸機；為團結飛機公司（Consolidated Aircraft）研製，活躍於西線、中緬印戰區及太平洋戰場。除用於空軍轟炸之外，也為海軍的反潛巡邏機。上頭共配備六門白朗寧 M2 重機槍：其中四門在砲塔，兩門在機身中間。屬短航程戰機（約六百五十公里），可攜帶八千磅（三千六百公斤）的炸彈。

28·P-38「閃電」式戰鬥機：二戰期間的一款美軍雙引擎戰鬥機。兩具發動機分別裝設於機身兩側並連結至雙尾桁。飛行員與武器系統設於中央短機身內，日軍稱之為「雙胴怪物」。此款戰鬥機曾於一九四三年四月十八日，成功擊落日本聯合艦隊司令山本五十六的座機，最高時速七一三公里，載重一萬七千五百磅，可攜兩枚兩千磅或四枚五百磅炸彈；另配置一門二十公厘機砲、四挺十二·七毫米的機槍。另有四具四·五英寸的火箭發射器。

29.「停泊練習艇船渠」：位於當今海軍高爾夫球場的西邊，當時的船渠北邊，仍為一大片未建設的淺灘沼澤地。軍港未建前，為右昌人的魚塭。

30.日本海軍「震洋特攻隊」配備震洋艇，陸軍「陸軍海上挺進戰隊」配備マルレ艇（正式名稱為四式肉薄攻擊艇，秘匿代稱為連絡艇，レ艇）進行特攻作戰，マルレ艇多以㋹作為代號表示，因而得名（〇：圓圈符號，而マル就是指圓圈，れ是用聯絡艇（れんらくてい）的第一個文字），另外震洋艇則是用㊃為代號，因此又稱「マル四」。兩者合稱為「マル八」。

31.在《國軍檔案，日本海軍物資接收目錄》的交接項目中，包括：三艘蛟龍潛艇。其中一艘因拆除機關而無法行動，另外兩艘仍可航行。

32.請參見註．20「廣場」。

33.七名失蹤於夜間訓練時的第二十震洋隊隊員，事後無論屍首、震洋艇都未尋獲；他們雖未參戰，最後仍以「戰死者」之名予以褒揚。

34.在海邊全面搜尋失蹤的七名隊員時，有發現「魚雷發射裝置」。研判發現地點是在當時的「水射堡」（水下聽音所與魚雷射堡，今柴山萬象館，中科院萬象水雷研發基地）。在《國軍檔案，日本海軍物資接收目錄》中記載著：桃子園魚雷格納庫（即水射堡）有一千發小型機雷、十二個一型發火器、八十三個二式爆雷、五十八個二式爆雷發火裝置、兩座八一式投射機發火裝置、一座九四式投射機要具筐及一座爆雷投射機要具筐等。

35.參照「櫻壽司」回憶的記載，此為內地人（日本人）在桃子園軍區內開設的一間小餐館，地點就在桃子園聚落北邊的道路旁邊。按「一九三七年高雄市工商案內」，桃子園聚落有間日本人開設的飲食店，名為「文迺家」。店主是「服部勝成」。地址為：桃子園七十五番地。就在鍾家的漁行附近。震洋隊隊員回憶錄中的「櫻壽司」，可能就是「文迺家」飲食店。另據桃子園耆老回憶，桃子園遷村後，日本人仍允許桃子園人入軍區內捕魚，因此可就近提供新鮮魚貨給「櫻壽司」。

36.日章旗：日本國旗，長方形的白色旗幟，中央有個紅太陽。日章旗為其正式名稱；日本國內則常以「日之丸」稱之。

37.一九四四年，美軍偵測地圖〈桃子園 Toshien，左營軍港〉中，在蛇山山谷的位置上，標示著兩個很大的 fueltanks（儲油槽）。研判本文所述「北壽山儲油所」遭轟炸後發生大爆炸者，就是這兩個儲油槽。此二儲油槽目前仍然存在，由 google 空照圖測量可知：直徑約七十五公尺，與向井忠男記載之直徑約八十公尺相當接近。

38.這裡描述的隧道就在「櫻壽司」對面，顯示：震洋隊最北邊的格納壕位於原桃子園聚落、北邊道路旁的山洞內。

39.原文「巡検終わり、煙草盆出せ」，是戰時日本海軍的特殊指令，當時水兵在休息時間會吸煙草放鬆，又稱「煙草休み」（吸煙休息時間），因此用於表示進入休息時間。另外，「煙草盆引け」（收起煙草盆）則表示進入戒備狀態。

40.「自活」（日文）：尋求自力更生、自謀生活之意。震洋隊隊員吉岡正夫在回憶錄中自述：「最令人高興的，莫過於蔣介石總統以德報怨的思想，讓我們沒有受到迫害與報仇，甚至讓我們自治。」顯示：接收的中國軍隊因軍力不足，給予這些「戰敗者」充份的「自治」與行動自由。

41.本章節參考並改寫自：陳柏棕、范綱倫，〈臺灣人志願兵震洋特攻隊：陳金村口述歷史〉（二〇一三），《臺灣文獻》，六十四（四）。

42.一九四三年（昭和十八年）四月，馬公警備府移至高雄，並設置高雄警備府。原馬公警備府則改編成馬公特別根據地隊。日軍在回憶錄中，均稱南海大溝北側為「施設部營區」。施設部為高雄警備府中最重要的工程部門，部長是上野長三郎大佐，曾建設：左營軍港與海軍第六燃料廠。另外，震洋部隊的營區與格納壕也均為施設部所建。

參考書目

一、中文專書

劉鳳翰（一九九七）。《日軍在臺灣一八九五—一九四五的軍事措施與主要活動》（上下冊）。臺北：國史館。

杜劍鋒（二〇〇六）。《舊城滄桑：鳳山縣舊城建城一八〇年懷舊》。高雄：高雄市文獻委員會。

劉益昌，（二〇〇八）。《歷史的左營腳步：從舊城考古談起》。高雄：高雄市政府文化局。

周遷（二〇一二）。《眷念自助：眷村建築照相》。高雄：左營區自助社區發展協會。

周宜慶，張壽齡、張彩玥（二〇一六）。《鎮海靖疆：左營軍區的故事》。臺北：國防部海軍司令部。

二、日文專書

尾崎秀真（一九三六）。〈第十：舊城址〉，《舊城史蹟調查報告第二輯》，頁三七－三八。

神野幸人（一九八〇）。《和田部隊記：海軍第二十五震洋隊の回憶》。鎌倉：自行出版。

波佐義明（一九八九）。《冬の殘紅 特別攻擊隊第二十四震洋隊搭乘員回想記》。自行出版。

荒木志郎（一九九〇）。《寫真集：人間兵器震洋隊特別攻擊隊上、下卷》。東京：國書刊行會。

薄會編（二〇〇一）。《回想薄部隊：海軍第二十震洋特別攻擊隊》。神戶：薄會。

坂井久能（二〇〇八）。〈営内神社の創建〉，《國立歷史民俗博物館研究報告》（一四七），頁三一五－三七四。

佐世保史談會編（二〇一〇）。《佐世保史跡探訪：步く・見る・学ぶふるさと再発見》。佐世保：佐世保史談會。

三、研究報告

吳培暉等（二〇〇七）。《高雄市國定古蹟左營鳳山縣舊城（南門）調查研究及修復計畫》。高雄：高雄市政府文化局。

顧超光（二〇一〇）。《高雄縣國定古蹟「臺灣原日本海軍鳳山無線電信所」原日本官舍建築調查研究計畫》。高雄：高雄縣政府文化局。

陳啟仁（二〇一一）。《鳳山縣舊城遺構調查研究計畫期末報告》。高雄：高雄市政府文化局。

曾光正（二〇一一）。《鳳山縣舊城城內歷史空間調查研究期末報告》。高雄：高雄市政府文化局。

楊仁江（二〇一二）。《澎湖縣縣定古蹟西嶼彈藥本庫及東鼻頭震洋艇格納壕調查研究》。澎湖：澎湖縣政府文化局。
顏廷伃（二〇一五）。《舊城西門遺構及其周邊相關考古研究報告》。高雄：高雄市政府文化局。

四、論文期刊

黃文珊（二〇〇七）。〈高雄左營眷村聚落的發展與變遷〉。高雄：國立高雄師範大學地理學系碩士論文，未出版，高雄。
范綱倫（二〇一三）。〈臺灣地區震洋特攻隊之研究〉。臺北：國立臺北藝術大學建築與文化資源研究所碩士論文，未出版，臺北。
曾文明（二〇一〇）。〈八罩島鴛鴦窟震洋艇基地史實鉤沉（上）（下）〉，《硓砧石：澎湖縣文化局季刊》五十九，頁二－二七。
李西勳（二〇一二）。〈從「虎虎虎」到「雨蛙」：談臺灣二戰日軍震洋特攻隊〉，《臺灣文獻》，六十三（一），頁四一七－四四〇。
陳柏棕、范綱倫（二〇一三）。〈臺灣人志願兵震洋特攻隊：陳金村口述歷史〉，《臺灣文獻》，六十四（四），頁一九三－二二二。
廖德宗，郭吉清（二〇一四）。〈左營舊城的日軍震洋隊神社及遺址探查〉，《高雄文獻》，四（三），頁一〇〇－一三八。

五、研究簡報資料

郭吉清，〈搶救西門段多層次歷史遺構〉。資料檢索日期：二〇一三年六月，未刊稿。
廖德宗，〈左營舊城歷史與文化資產新貌〉。資料檢索日期：二〇〇三年十二月。網址：http：//gis.rchss.sinica.edu.tw/mapdap/？p=4097。

左營二戰祕史：震洋特攻隊駐臺始末

撰文—郭吉清、廖德宗
繪圖—林家棟
發行人—尹 立
企劃督導—王文翠、林尚瑛、劉秀英、李毓敏
審查委員—鍾淑敏、張守真、陳文松、王御風、杜正宇
行政企劃—李旭騏、陳宜芝、吳翎瑋

高雄市政府文化局
地址—高雄市苓雅區五福一路六十七號
電話—07-222-5136
傳真—07-228-8824
見城計畫網址—http://oldcity.khcc.gov.tw

編印發行—遠足文化事業股份有限公司
社長—郭重興
總編輯—龍傑娣
美術設計—林宜賢
校對—施靜沂、楊俶儻
電話—02-22181417
傳真—02-86672166
客服專線—0800-221-029
E-Mail—service@bookrep.com.tw
官方網站—http://www.bookrep.com.tw
法律顧問—華洋國際專利商標事務所．蘇文生律師
印刷—凱林彩印有限公司

共同出版—高雄市政府文化局．遠足文化事業股份有限公司
初版—二〇一八年八月　初版二刷—二〇一九年三月
定價—四百二十元
ISBN—978-957-8630-43-7 ｜ GPN 1010701312

見城
本書為「再造歷史現場－左營舊城見城計畫」出版系列
指導單位｜文化部、高雄市政府

國家圖書館出版品預行編目資料

左營二戰祕史：震洋特攻隊駐臺始末 / 郭吉清, 廖德宗撰文. -- 初版. -- 新北市：遠足文化；高雄市：高市文化局, 2018.08
面；　公分
ISBN 978-957-8630-43-7(平裝)

1.臺灣史 2.日據時期 3.高雄市左營區
733.28　　107007374